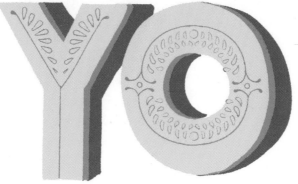

CORAZÓN DE MEXICANOS como YO

ANA FRANCISCA VEGA

CORAZÓN DE
MEXICANOS
como
YO

Planeta

Índice

Para Andrea, Luciana
y mis corazones de mexicanos
favoritos: Tomás, Isabel y Ana
Klatzkin, con todo el cariño.

PRÓLOGO

Queridos lectores,

Hoy quiero presentarles con mucha emoción el segundo volumen de *Mexicanos como yo*, que esta vez retrata las vidas, aventuras, logros y desafíos de cincuenta seres humanos extraordinarios que de una u otra forma han roto fronteras.

Conforme pasen las páginas de este libro, serán testigos de cómo algunos de nuestros personajes rompieron fronteras físicas migrando desde México hacia Estados Unidos. Así lo hizo Anthony Quinn, el famoso actor de la época dorada de Hollywood, que comenzó ganando apenas unos centavos cuando aún era niño; también fue el caso de «Dr. Q», quien pasó varios años trabajando como recolector en los campos agrícolas antes de convertirse en uno de los mejores neurocirujanos del mundo.

Otros rompieron fronteras históricas al encabezar en Estados Unidos algunas de las luchas más importantes para defender los derechos de las personas migrantes en ese país. Ejemplo de ello son Dolores Huerta y César Chávez en los años sesenta del siglo pasado; más recientemente, tenemos a jóvenes activistas como la ambientalista Xiye Bastida y los «Soñadores», quienes buscan que todos los niños y jóvenes migrantes puedan tener acceso a las mismas oportunidades que cualquier persona.

Espero que se inspiren con las increíbles historias de beisbolistas, músicos, comediantes, poetas, muralistas, activistas, cantantes, diseñadores, inventores y científicos, plasmadas con tanto cariño en estas páginas. Ya lo verán: son todas diversas, fabulosas y coloridas, como su corazón de mexicanos. Ojalá que, con todo y el miedo que a veces puedan sentir, estas historias los alienten a salir al mundo a perseguir sus intereses y pasiones, y a romper todas las fronteras que sean necesarias para alcanzarlos. ¡Sí se puede!

¡Disfruten el camino!

Brenda Villa

Jugadora de waterpolo y medallista olímpica

(COMMERCE, CALIFORNIA, 18 DE ABRIL DE 1980)

Brenda tenía ocho años cuando descubrió que existía un deporte llamado waterpolo. Su hermano mayor comenzó a jugarlo y ella quería imitar todo lo que él hiciera, así que decidió intentarlo ¡y le encantó!

Rápidamente se convirtió en una muy buena jugadora, por lo que llamó la atención de entrenadores y escuelas que la buscaban para que compitiera en sus equipos. Para ella también era muy importante estudiar y sacar buenas calificaciones, así que entre las clases y la alberca ¡sus días eran muy ocupados!

Cuando llegó a la universidad, entrenó muy duro para poder clasificar a los Juegos Olímpicos de Sídney 2000, en Australia. Con 20 años, fue la mejor goleadora de su equipo y Estados Unidos ganó la medalla de plata. «Es para mí un honor representar a todos los estadounidenses, pero en especial a todos los latinos de Estados Unidos, porque mis padres emigraron de México a este país y, por ello, representar a cada persona que es como yo es especial», dijo en esa ocasión.

Su talento y dedicación la llevaron a tres Juegos Olímpicos más: Atenas en 2014, Pekín en 2008 y Londres en 2012; fue en estos últimos que el equipo estadounidense se llevó la medalla de oro en un durísimo partido en contra de España. Antes de cada juego le gusta escuchar música, ¡incluso tiene una lista de reproducción para ese momento! «Me ayuda a relajarme y a recordar el plan para ese juego; me pongo mis audífonos y visualizo el partido. ¡Es muy importante visualizar las cosas antes de hacerlas!», asegura.

Brenda es la máxima goleadora de waterpolo en la historia de los Juegos Olímpicos y entró al Salón de la Fama Internacional de Natación y al Salón de la Fama de Waterpolo de Estados Unidos en 2018.

¡Qué mejor que prepararse para una tarea difícil con buena música! A Brenda este pequeño ritual la ayuda a pensar en el partido y a tener una actitud relajada. ¿Qué te gusta escuchar antes de una actividad que sabes que necesita todo tu esfuerzo?

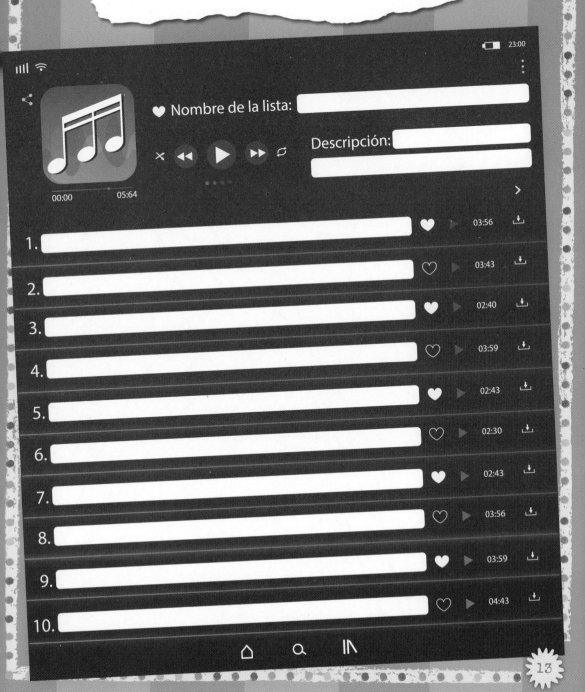

23:00

Nombre de la lista:

Descripción:

00:00   05:64

1.   03:56

2.   03:43

3.   02:40

4.   03:59

5.   02:43

6.   02:30

7.   02:43

8.   03:56

9.   03:59

10.   04:43

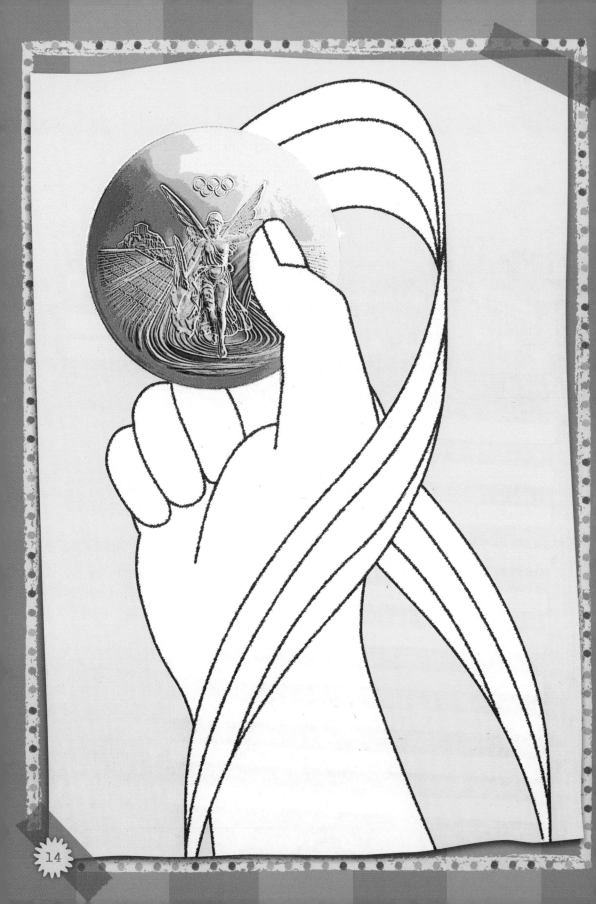

«Ponerle tanto énfasis
en los estudios como en
el deporte es lo que me
ayudó a ganar una beca
para la universidad
y ganar todas las
medallas que tengo».

Albert Baez

INVENTOR DEL
MICROSCOPIO DE RAYOS X
(Puebla, México, 15 de noviembre
de 1912 – California,
20 de marzo de 2007)

Quienes lo conocieron dicen que hay tres virtudes que describían a la perfección a Albert: curiosidad, creatividad y compasión. Nació en Puebla, México, pero apenas a los dos años se mudó con su familia a Texas y después a Brooklyn, Nueva York, en donde durante la adolescencia descubrió su amor por las matemáticas y la física. A Albert le encantaba aprender y buscaba siempre responder las miles de preguntas que su insaciable curiosidad le planteaba.

Tenía claro que quería convertirse en científico, así que fue a la universidad, en donde se preparó durante varios años para eso. Todavía como estudiante, y junto a su profesor Paul Kirkpatrick, Albert desarrolló en 1948 el microscopio de rayos X con el que pudieron examinarse células vivas por primera vez en la historia. La técnica desarrollada por Albert y Paul todavía se utiliza, en especial en los campos de la astronomía y la medicina.

Cuando terminó sus estudios, alrededor de 1950, el mundo se encontraba en plena Guerra Fría: una época de mucha tensión durante la cual los científicos como él con frecuencia terminaban trabajando para la industria militar, desarrollando nuevos y poderosos armamentos para sus países.

A pesar de todo el dinero que hubiera podido ganar trabajando para el desarrollo de armas, Albert se rehusó a participar en lo que llamaba «industria de la guerra» y se declaró abiertamente pacifista. Por ello, además de continuar con su trabajo científico, decidió dedicar su vida y esfuerzos a enseñar a niños y jóvenes, en particular de países y regiones pobres, sobre la importancia de la ciencia y la educación para su desarrollo.

¿Alguna vez has pensado que la física está en todo lo que hacemos? ¡Sí! Por más sorprendente que parezca, todo el tiempo estamos interactuando con algo relacionado a ella, ya que es la ciencia que estudia las propiedades de la materia. Pero ¿materia? ¡Claro! En la física se entiende como materia todo aquello que nos rodea, porque existe en un espacio y tiene masa, peso y volumen.

La óptica es una rama de la física que estudia la luz y los colores. ¿Has escuchado de las cámaras estenopeicas? Consiste en una cámara con un pequeño orificio, en lugar de un lente, por donde entra la luz.

¡Haz tu propia cámara estenopeica! Pide ayuda a un adulto para realizar los cortes necesarios.

NECESITARÁS:

- UNA CAJA DE CARTÓN PARA QUE SE CONVIERTA EN TU CÁMARA. PUEDE SER UNA CAJA DE ZAPATOS O ALGO MÁS PEQUEÑO, LO IMPORTANTE ES QUE SEA DE CARTÓN GRUESO PARA QUE NO SE FILTRE LA LUZ
- PAPEL NEGRO O PINTURA NEGRA
- UN PLUMÓN NEGRO
- CINTA ADHESIVA NEGRA O CINTA AISLANTE
- CUADRITO DE ALUMINIO, PUEDE SER DE UNA LATA DE REFRESCO
- ALFILER O TACHUELA
- PEGAMENTO
- TIJERAS O *CUTTER*
- REGLA
- PAPEL FOTOGRÁFICO

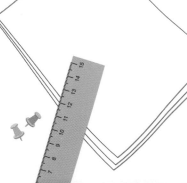

PASOS A SEGUIR:

1. Primero debes crear una caja a prueba de luz. Para esto necesitas forrar el interior de tu caja con papel negro. Si quedan espacios descubiertos puedes rellenarlos con el plumón negro o con la cinta; también puedes pintar el interior de la caja con pintura acrílica, si te parece más sencillo. Cubre los bordes exteriores con cinta para asegurarte de que realmente no entre luz por ningún lado.

2. En la base de la caja traza líneas de una esquina a otra (la opuesta) para que, en la intersección de las mismas, marques el centro. Ahí mismo traza un cuadro de un centímetro por lado y recorta su interior con cuidado. Asegúrate de que al hacerlo no levantes el papel negro o la pintura en la parte interior. Si esto ocurre, puedes usar cinta o plumón negro para volver a cubrirlo.

 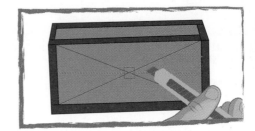

3. Con mucho cuidado, corta un cuadrito de aluminio de 2.5 centímetros por cada lado. Si es de una lata de refresco, asegúrate de lavarla antes. Utiliza el alfiler o una tachuela y perfóralo con delicadeza para que la luz pase por ese agujero. Este debe ser pequeño, así que con que introduzcas el primer cuarto del alfiler o la tachuela será suficiente.

4. Coloca ese cuadrito de aluminio sobre el agujero que hiciste al centro de la caja, en la parte exterior. Pégalo con cinta para cubrir los bordes del aluminio.

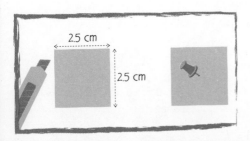 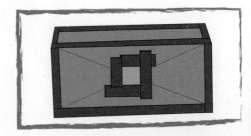

5. Necesitas crear un obturador, es decir, el dispositivo que controla el tiempo en el que la luz pasa. Para ello, puedes cubrir con cinta el agujero y doblarla en un extremo para poder despegarla fácilmente.

6. ¡La cámara está lista! El siguiente paso es colocar papel fotográfico dentro de la caja, en la cara opuesta al agujero. Para asegurarte de que se quede en su lugar, puedes emplear cinta doble cara o la que estés utilizando para este proyecto.

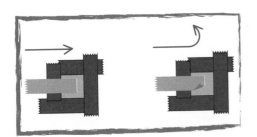
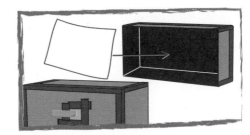

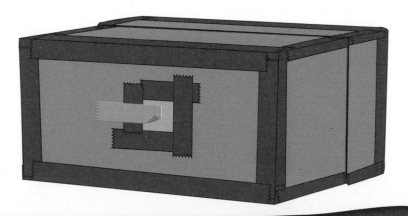

CÓMO UTILIZAR LA CÁMARA ESTENOPEICA:

1. Coloca la cámara en un lugar fijo para evitar desenfoques en tu fotografía.

2. Abre el obturador, es decir, retira la cinta negra que cubre el agujero en el aluminio.

3. Espera 30 segundos y cierra el obturador, pegando la cinta en su lugar. Este es un tiempo estimado, puedes realizar otras pruebas jugando con el tiempo.

4. Deja el papel fotográfico en la caja hasta que llegues a un espacio oscuro donde puedas extraerlo. Esto es muy importante para no dañar tu fotografía.

1. Para esto, lo primero que debes tener es un cuarto completamente oscuro. Tal vez hayas visto uno en alguna película. Para ayudarte a ver, puedes instalar una luz de seguridad roja, así no se dañará tu papel fotográfico.

2. Necesitarás dos bandejas para colocar dos líquidos especiales: una con líquido de revelado y otra con solución fijadora. El primero sirve para iniciar el proceso y el segundo para fijar el revelado.

3. Coloca tu fotografía en la primera bandeja y déjala reposar dos minutos.

2 minutos

4. Con pinzas de cocina para no tocar ningún líquido, retira la fotografía e introdúcela en la segunda bandeja con la solución fijadora. Déjala reposar solo por 30 segundos.

5. Retírala con las pinzas y enjuágala con agua. Puedes colgarla en un tendedero para dejarla secar y listo, tienes tu negativo para revelar.

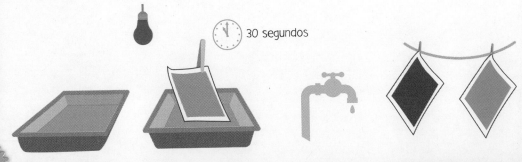

30 segundos

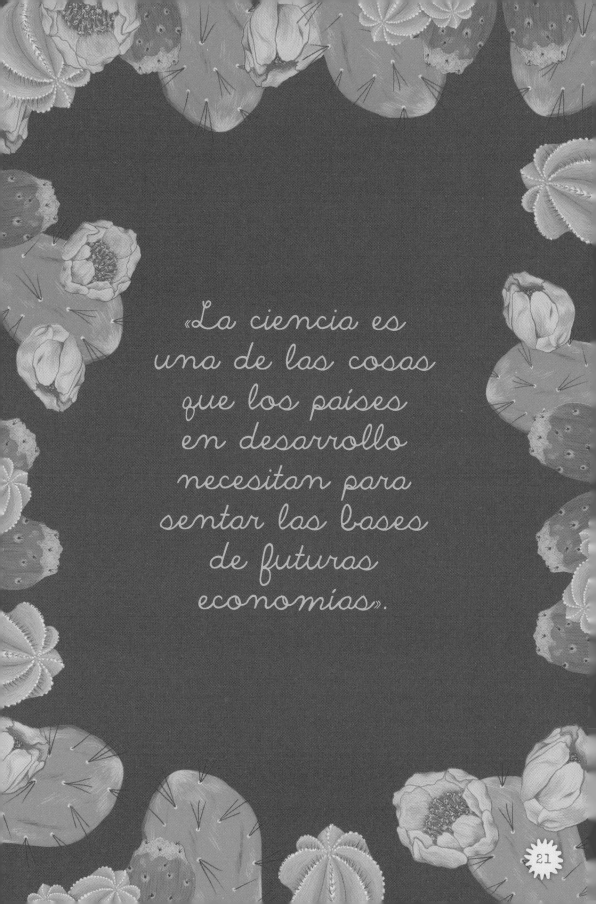

«La ciencia es
una de las cosas
que los países
en desarrollo
necesitan para
sentar las bases
de futuras
economías».

DOLORES DEL RÍO
-- ACTRIZ --

(DURANGO, MÉXICO, 3 DE AGOSTO DE 1904 — NEWPORT BEACH, CALIFORNIA, 11 DE ABRIL DE 1983)

Dolores quedó fascinada cuando, a los 15 años, vio bailar en la Ciudad de México a la famosa bailarina rusa Anna Pávlova: ella quería ser bailarina también y convenció a su madre de que le dejara tomar clases. Bailar le permitía una libertad que no siempre podían disfrutar las jóvenes de esa época, de quienes se esperaba que se dedicaran a las tareas del hogar y no a seguir una carrera... mucho menos una carrera artística, que en la alta sociedad a la que pertenecía Dolores no se consideraba un estilo de vida deseable.

Cierta ocasión, durante una reunión social a la que asistió, entre los invitados se encontraba un afamado director de cine de Hollywood. Él la vio bailar y decidió que haría lo que fuera para convencerla de ir a probar suerte como actriz en Estados Unidos, pues Dolores era hermosa y con un talento indiscutible. Ella aceptó y se mudó a Los Ángeles sin pensarlo. Ahí comenzó de inmediato una exitosísima carrera como actriz, primero en el cine mudo —¡cuando las películas todavía no tenían sonido!— y después en el cine hablado, teatro y televisión. Además de trabajar en Estados Unidos con los directores y actores más destacados, también lo hizo en México como parte del periodo conocido como Época de Oro.

Dolores es considerada la primera actriz latina en haber conquistado Hollywood. Además de continuar actuando, durante sus últimos años de vida luchó por el respeto a los derechos de las actrices en México.

¿Te imaginas una película sin sonido? Sin diálogos, sin música, sin efectos especiales sonoros. ¡Qué raro! Dolores fue una actriz que logró transmitir todo tipo de emociones sin usar ningún recurso auditivo, y películas como *La vida alegre*, *Revancha* y *Ramona* le dieron gran fama en Hollywood. En las películas mudas había algo llamado «intertítulos», fotogramas con texto intercalados en la cinta; estos ayudaban a narrar los momentos clave de la historia y muchas veces utilizaban diferentes estilos para que combinaran con el tono de la película.

Diseña uno para una escena de terror o de amor. ¡Puedes inspirarte en estos ejemplos!

CON

DOLORES DEL RÍO

Y sigilosamente entró a la casa embrujada

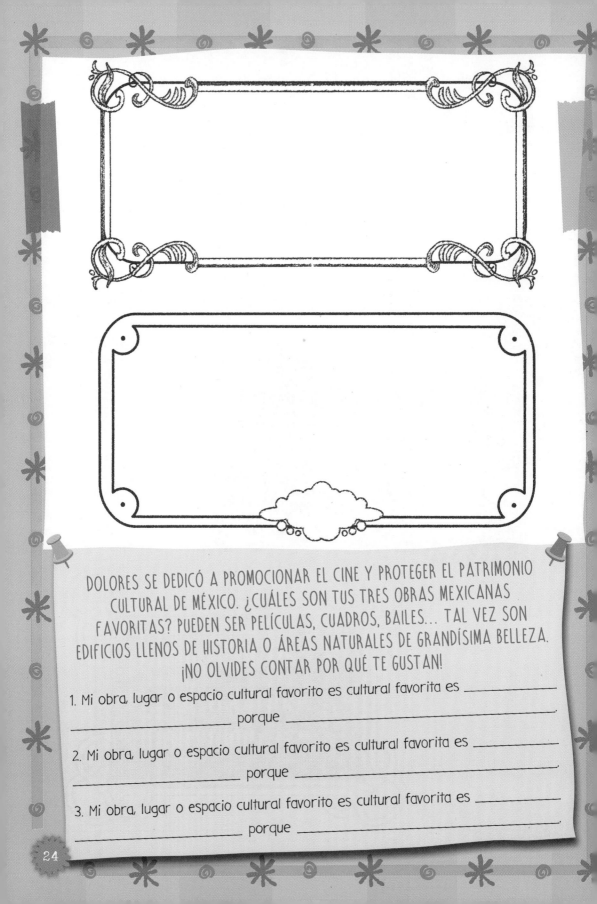

DOLORES SE DEDICÓ A PROMOCIONAR EL CINE Y PROTEGER EL PATRIMONIO CULTURAL DE MÉXICO. ¿CUÁLES SON TUS TRES OBRAS MEXICANAS FAVORITAS? PUEDEN SER PELÍCULAS, CUADROS, BAILES... TAL VEZ SON EDIFICIOS LLENOS DE HISTORIA O ÁREAS NATURALES DE GRANDÍSIMA BELLEZA. ¡NO OLVIDES CONTAR POR QUÉ TE GUSTAN!

1. Mi obra, lugar o espacio cultural favorito es cultural favorita es _____
_____ porque _____.

2. Mi obra, lugar o espacio cultural favorito es cultural favorita es _____
_____ porque _____.

3. Mi obra, lugar o espacio cultural favorito es cultural favorita es _____
_____ porque _____.

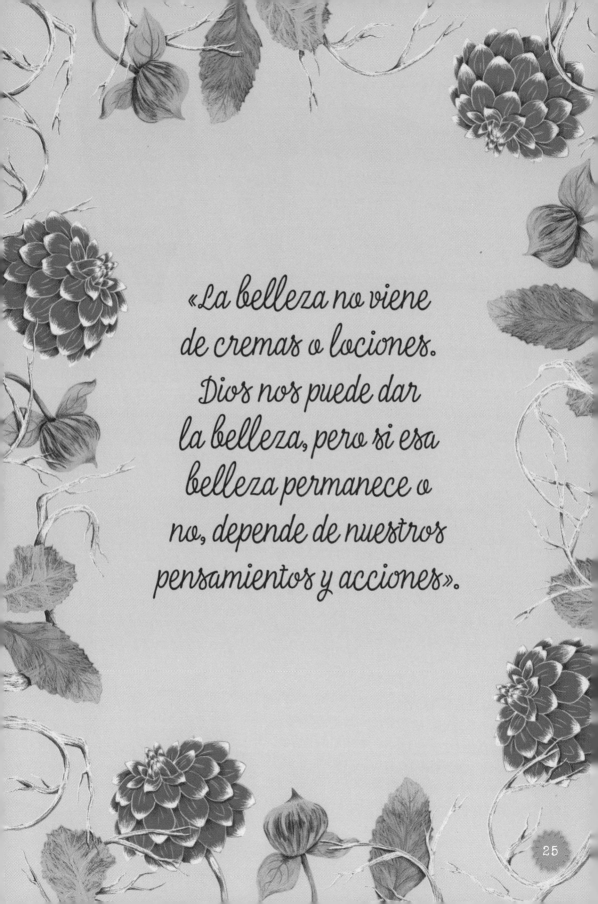

«La belleza no viene
de cremas o lociones.
Dios nos puede dar
la belleza, pero si esa
belleza permanece o
no, depende de nuestros
pensamientos y acciones».

ANTHONY QUINN

Actor, productor y director de cine

(Chihuahua, 21 de abril de 1915 – Boston, Massachusetts, 3 de junio de 2001)

Anthony llegó muy pequeño a Estados Unidos, junto con su padre de ascendencia irlandesa y su madre mexicana. Él y su familia se instalaron en California, y cuando tenía cinco años se dedicaron al trabajo agrícola por 10 centavos la hora. De aquellos tiempos, Tony recuerda que había barrios enteros en donde se establecían los inmigrantes que llegaban a Estados Unidos de todas partes del mundo buscando una mejor vida. «Todos teníamos algo en común», contó en alguna ocasión. «Todos teníamos los mismos problemas y a todos nos trataban mal. Había calles que no podíamos cruzar las personas no blancas. A mí eso me parecía mal, y me dije: "Yo voy a cruzar, voy a ir más allá"».

¡Y vaya que lo hizo! A Anthony se le recuerda como uno de los actores más prolíficos a nivel mundial. Conquistó el mundo del cine y durante su carrera llegó a hacer ¡más de 250 películas! Lo más curioso de todo es que comenzó a actuar pensando que solo lo haría durante algún tiempo, porque su pasión era el arte y la escultura. Así que el día que le ofrecieron participar en una película, pensó: «Bien, me puedo dedicar a esto unos cinco años, hago algo de dinero y después sigo con mi carrera de pintor y escultor». Sin embargo, su éxito fue tal que nunca dejó la actuación.

Tony tuvo muchas satisfacciones como actor, incluyendo dos premios Óscar; pero cuando le preguntaban sobre lo que más le enorgullecía de su carrera, respondía sin chistar que le gustaba interpretar papeles de personas indígenas o mexicanas. «Luché desde muy temprano para exigir que los papeles de mis personajes se alejaran de los estereotipos, y que mexicanos, indígenas y personas de color fueran interpretados con dignidad en las películas».

Para Anthony era importante que los personajes que interpretaba se alejaran de los estereotipos. Él sabía lo fundamental que eran las representaciones honestas y con un trato digno para todos los personajes, no importaba si eran estelares o secundarios.

Y a ti, ¿qué personaje te gustaría ver o representar en una película? ¿Es un superhéroe, una empresaria, un atleta de alto rendimiento, una persona «común y corriente»? Si ya existe un personaje al que admires, ¿quién es? ¿A qué se dedica? ¿Por qué te gusta? Descríbelo abajo.

- MI PERSONAJE ES O SERÍA: _ _ _ _ _ _ _ _ _ _ _ _ _ _ _ _ _ _

_ _

- ¿QUÉ HACE? _

_ _

- ¿CUÁL ES SU HISTORIA? _ _ _ _ _ _ _ _ _ _ _ _ _ _ _ _ _ _

_ _

- ¿QUÉ OBSTÁCULOS HA VENCIDO? _ _ _ _ _ _ _ _ _ _ _ _ _

_ _

- ¿CUÁL ES O SERÁ SU GRAN TRIUNFO? _ _ _ _ _ _ _ _ _ _

_ _

- ¿POR QUÉ ES IMPORTANTE CONTAR SU HISTORIA? _ _ _ _ _

_ _

_ _

«Aprender
y devolver
al mundo ese
aprendizaje es una
parte importante
de mi vida».

29

Dolores Huerta

A Dolores nadie le contó sobre la discriminación que enfrentaban millones de personas en su país: ella lo vivió en carne propia. Durante sus días de estudiante la molestaban por su origen latino y años después, como maestra en una escuela, notaba que había niñas y niños a quienes discriminaban por el color de su piel o por no saber hablar inglés.

Comenzó a luchar por cambiar esas injusticias y en 1962 se alió con el activista César Chávez para crear la Asociación de Trabajadores Agrícolas Unidos. Ellos luchaban para que millones de personas que trabajaban en los campos de Estados Unidos tuvieran mejores condiciones de vida. Estos trabajadores tenían salarios muy bajos, jornadas de trabajo largas y sin descansos ni acceso a agua limpia para beber. Sus hijos no iban a la escuela y ningún doctor los atendía si enfermaban.

Dolores se propuso transformar esta situación con su famoso grito de lucha: «¡Sí se puede!». Su mensaje era claro: «No pueden seguir ignorándonos, no pueden seguir creyendo que no tenemos voz porque estamos aquí y no estamos solos». En 1965 promovió un boicot nacional para presionar a los dueños de los campos de uvas a que respetaran los derechos de los trabajadores de sus cultivos. Su trabajo fue crucial para la aprobación de nuevas leyes más justas para ellos.

Dolores está convencida de que niñas y niños deben participar desde pequeños en protestas pacíficas cuando encuentren una causa justa por la que luchar. «De esta forma, se darán cuenta de que ellos tienen el poder de saber cómo quieren vivir o de salir de una mala situación», asegura.

Dolores fue la primera mujer latina en ser incluida en el Salón Nacional de la Fama de Mujeres en 1993 y recibió la Medalla Presidencial de la Libertad en 2012.

Dolores está de visita en tu ciudad para hablar en un congreso sobre la importancia de las condiciones de trabajo dignas, en especial para los agricultores. Necesita tu ayuda para invitar a más personas a esta lucha, pues solo con organización se lograrán los cambios necesarios para una vida mejor.

Tu trabajo es diseñar un cartel en el que expliques por qué es importante que haya un horario justo, espacios libres de discriminación y acceso al agua potable y a una buena alimentación. Recuerda, ¡sí se puede!

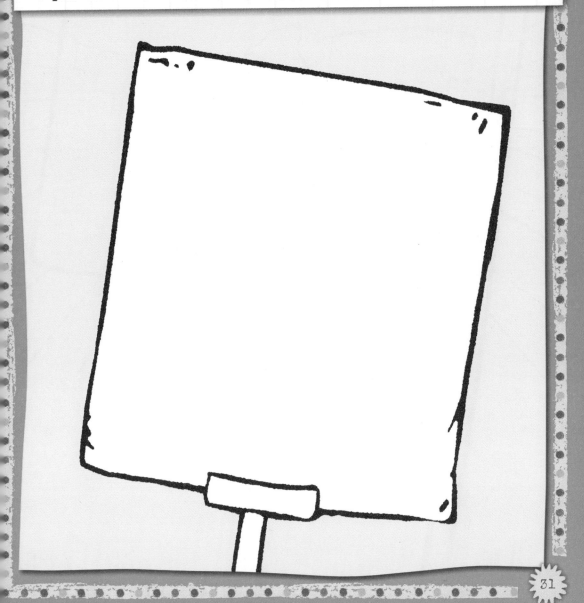

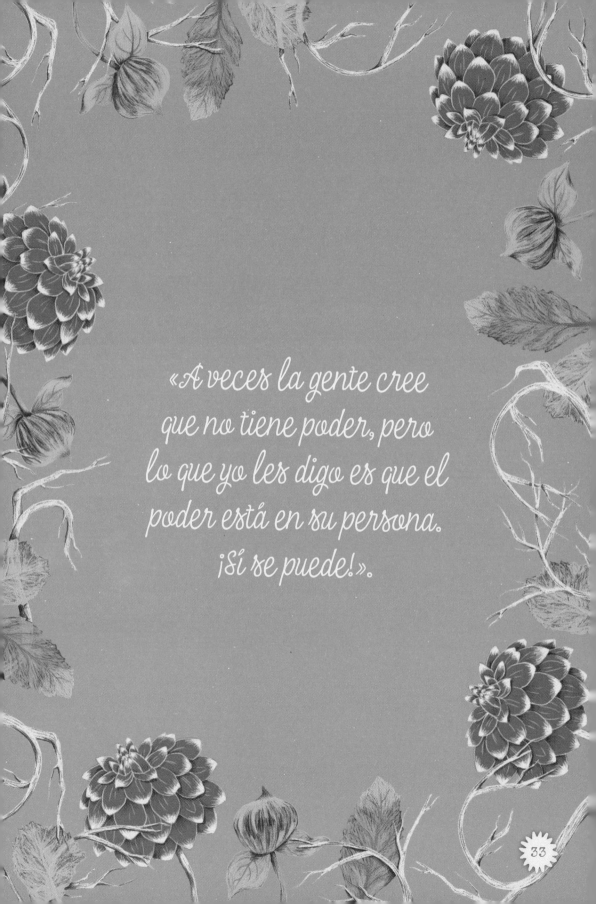

«A veces la gente cree
que no tiene poder, pero
lo que yo les digo es que el
poder está en su persona.
¡Sí se puede!».

BENJAMIN ALIRE

Escritor y activista

(OLD PICACHO, NUEVO MÉXICO, 16 DE AGOSTO DE 1954)

Para Benjamin, escribir poemas, cuentos o novelas es la forma de encontrarle sentido a su vida y de responder algunas de las preguntas que han rondado en su cabeza desde niño: ¿quién soy?, ¿por qué soy como soy?

Creció en una familia grande —fue el cuarto de siete hijos— y desde pequeño se sentía muy diferente al resto de sus hermanos varones, quienes solían ir a cazar con su padre. A él no le gustaba la caza ni muchas cosas que hacían sus hermanos; disfrutaba más de pintar, escuchar música y leer. «¿Hay algo mal en mí?», se preguntaba. «¿Por qué soy distinto a todos?».

Escribió su primer libro a los 30 años. «Era terrible», según él mismo cuenta; sin embargo, esto lo ayudó a entender que quería dedicar su vida a ser escritor. Así que regresó a la escuela, estudió, aprendió, dio clases y no ha dejado de publicar desde ese momento.

A Benjamin le tomó muchos años entender que no solo todos somos distintos, sino que es justo eso lo que nos hace únicos y valiosos. Los libros y la escritura tuvieron mucho que ver en ese descubrimiento. De hecho, afirma que él ha escrito todos sus libros para salvar su vida, para encontrarse. Además de escribir poesía y novelas para adultos, también dedica su talento a idear historias para niños y adolescentes.

Ha recibido algunos de los premios más prestigiosos de la literatura estadounidense; da clases, pinta y alza la voz para defender temas que le importan, como la migración y la diversidad sexual.

CADA UNA DE NUESTRAS DIFERENCIAS ES LO QUE NOS HACE ESPECIALES FRENTE A LOS DEMÁS, POR ESO DEBEMOS SENTIR ORGULLO DE QUIÉNES SOMOS. ¿QUÉ ES LO QUE TE HACE IRRE-PETIBLE, LO QUE TE HACE SER TÚ? HAZ UNA LISTA CON CINCO CARACTERÍSTICAS (PUEDEN SER FÍSICAS, PSICOLÓGICAS O EMOCIONALES) QUE MÁS TE GUSTEN DE TI.

1. _____
_____
_____

2. _____
_____
_____

3. _____
_____
_____

4. _____
_____
_____

5. _____
_____
_____
_____

Con estas características, construye
al personaje de una historia. Imagina
una aventura con situaciones que le hagan
descubrir estas cualidades y se dé cuenta
de lo asombroso que es.

«Todo el tiempo nos perdemos y tenemos que encontrarnos. El único momento en el que no estoy perdido es cuando escribo».

ELLEN OCHOA
Astronauta

(Los Ángeles, California, 10 de mayo de 1958)

¿Te imaginas viajar al espacio? ¿Cómo se sentirán esos segundos antes del despegue? ¿Qué cosas verás en vuelo? ¿Con qué misterios te encontrarás? Ellen tuvo oportunidad de responder esas preguntas —¡y muchas más!— el 8 de abril de 1993 cuando, enfundada en su traje de astronauta, al que llama su «ropa favorita», se convirtió en la primera mujer de origen hispano en volar al espacio en una misión de la NASA.

De abuelos mexicanos, Ellen creció en un hogar con cuatro hermanos; desde pequeña pudo ver cómo su madre se esforzaba por seguir estudiando a pesar de las dificultades que enfrentaba. Su ejemplo le enseñó el valor de la perseverancia y lo hermoso que es aprender cosas nuevas. Al inicio no se planteó ser astronauta, pues cuando era niña no existía siquiera la posibilidad de que una mujer fuera al espacio. No fue sino hasta 1978 que cinco mujeres fueron seleccionadas por primera vez para esa profesión.

Inició su entrenamiento en la NASA en 1990, después de haber estudiado física en la universidad. Tres años más tarde hizo historia al formar parte de la misión STS-56 a bordo del transbordador *Discovery*, durante la cual pasó nueve extraordinarios días en el espacio.

Ellen tiene en su carrera 978 horas en el espacio; participó en cuatro misiones y llegó a ser directora del Centro Espacial Johnson, el corazón de los viajes tripulados al espacio por la NASA. Hoy continúa con su trabajo científico y dedica parte de su tiempo a hablarles a niñas, niños y jóvenes sobre las maravillas de la ciencia y el espacio. El nombre de Ellen está impreso en el Salón de la Fama de los Astronautas de Estados Unidos.

La Estación Espacial Internacional se construyó con el objetivo de servir como laboratorio de investigación y realizar experimentos en gravedad cero; además, también es utilizada por los astronautas, quienes así aprenden a vivir en el espacio durante largos periodos. ¿Sabías que la Estación Espacial Internacional completa una vuelta alrededor de la Tierra aproximadamente en 92 minutos? Esto quiere decir que los astronautas dan 15.7 vueltas a nuestro planeta ¡por día!

PARA ELLEN, SU TRAJE ESPACIAL ES SU ROPA FAVORITA, ¡Y NO ES PARA MENOS! CON ESE TRAJE HA HECHO HISTORIA Y HA OBSERVADO PAISAJES MARAVILLOSOS EN EL ESPACIO. ADEMÁS, ESOS OVEROLES NARANJAS UTILIZADOS PARA EL ATERRIZAJE Y DESPEGUE SIRVEN PARA PROTEGER A LOS ASTRONAUTAS EN CASO DE QUE HUBIERA ALGÚN PROBLEMA CON LA NAVE ESPACIAL.

¿CÓMO PERSONALIZARÍAS TU TRAJE PARA EXPLORAR LAS MARAVILLAS DEL UNIVERSO? DECORA EL OVEROL CON LOS ELEMENTOS QUE MÁS TE REPRESENTEN. ADEMÁS, AQUÍ ENCONTRARÁS UNOS PARCHES QUE PUEDES COLOREAR Y RECORTAR PARA QUE LOS PEGUES DONDE PREFIERAS.

SIN MIEDO A PERDER

JUSTICIA CLIMÁTICA

MEJOR EN BICI

YO ♥ LA CIENCIA

¡VAMOS, VALIENTE!

LA EMPATÍA HACE QUE EL MUNDO GIRE

«Es importante
que niñas y
niños sepan que,
si trabajan duro,
pueden conseguir lo
que se propongan.
Yo estoy orgullosa
de ser un ejemplo
de eso».

César Chávez

ACTIVISTA

(Yuma, Arizona, 31 de marzo de 1927 –
San Luis, Arizona, 23 de abril de 1993)

César y su familia tenían una granja y una tienda en Arizona; era una vida sencilla pero feliz. Sin embargo, cuando tenía 11 años perdieron todo a causa de una crisis económica mundial conocida como la Gran Depresión. Por ello se mudaron a California para trabajar en los campos de recolección de frutas y vegetales.

César tenía que trabajar al igual que el resto de su familia. En ese entonces los trabajadores del campo no tenían acceso a agua para beber, recesos para descansar del sol o sanitarios dignos. Además, los niños cambiaban con frecuencia de escuela porque tenían que acompañar a sus familias de un lugar a otro. Imagínate: tan solo en unos años, César fue a ¡35 escuelas distintas! En octavo grado la dejó definitivamente.

A pesar de no ir al colegio, leía mucho y admiraba a líderes sociales, como Mahatma Gandhi en la India, y Martin Luther King en Estados Unidos. Quería cambiar las condiciones de vida de los trabajadores de forma pacífica; por ello se unió a otros líderes, como Dolores Huerta, para formar la Asociación de Trabajadores Agrícolas Unidos. «¡Sí se puede!» era su lema.

Uno de sus más grandes logros fue convocar a una huelga en los campos de uvas en Delano, California. Los trabajadores dejaron de recolectar la fruta y gente de todo el país los apoyó dejando de comprar uvas. Después de una lucha pacífica, los trabajadores lograron firmar el primer contrato de la historia para mejorar sus condiciones de trabajo.

César continuó toda su vida luchando por los derechos civiles. En el año 2000 California declaró el 31 de marzo como el Día de César Chávez; fue la primera vez en la historia que un día oficial se declaró en honor de un ciudadano mexicoamericano.

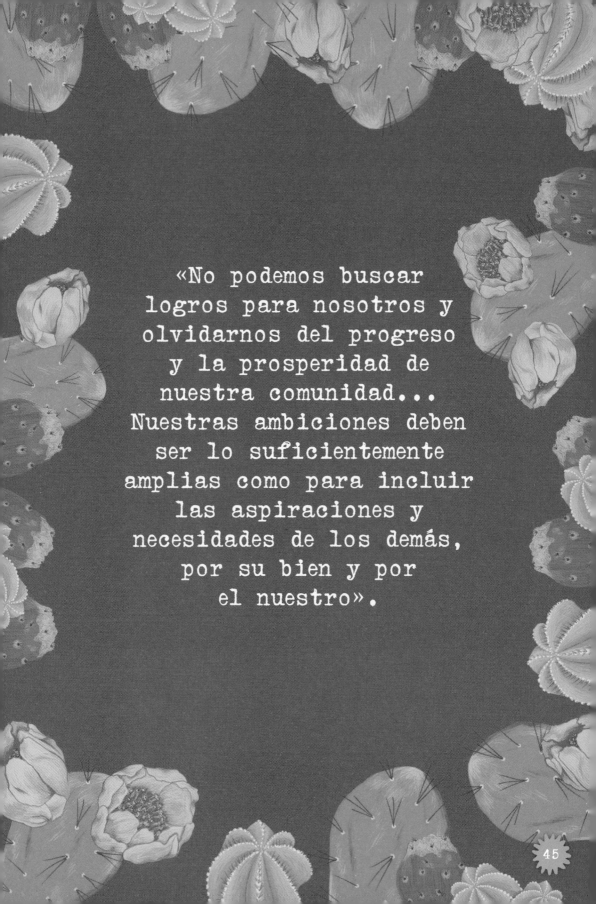

«No podemos buscar logros para nosotros y olvidarnos del progreso y la prosperidad de nuestra comunidad... Nuestras ambiciones deben ser lo suficientemente amplias como para incluir las aspiraciones y necesidades de los demás, por su bien y por el nuestro».

Imagina que tienes que escribir una nota para tu periódico local sobre el papel que César Chávez tiene en la lucha por los derechos humanos y los derechos laborales de los campesinos. Investiga sobre el tema por medio de notas, videos, documentales o entrevistas con tus familiares o profesores. Al final, redacta la noticia con la información más importante.

¡CÉSAR CHÁVEZ COFUNDA LA ASOCIACIÓN DE TRABAJADORES AGRÍCOLAS UNIDOS!

Esta tiene el objetivo de garantizar mejores salarios, derechos justos y seguridad para los trabajadores agrícolas.

47

Eva Longoria

ACTRIZ
(CORPUS CHRISTI, TEXAS,
15 DE MARZO DE 1975)

Un día su madre le dijo: «Nunca olvides de dónde vienes». Y si hay algo que Eva no ha olvidado, es su origen. Para ella, la fama es algo que se disfruta, claro, pero sobre todo es algo que se usa para construir un mundo mejor, un mundo en el que todos tengan oportunidad de tener una mejor vida. De hecho, Eva no creció queriendo ser una actriz reconocida, sino alguien que pudiera ayudar e influir de forma positiva en su comunidad; para ello, la prioridad era prepararse y estudiar.

En su familia no había mucho dinero, pero sí ganas, amor, empuje y perseverancia. Con una pequeña dosis de cada uno de estos ingredientes, Eva fue a la universidad. Un día se inscribió en un concurso de belleza, cuyos premios eran estímulos para continuar estudiando; para su sorpresa, ganó el primer lugar. Una parte del premio incluía una visita a Los Ángeles, en donde asistió a sus primeras audiciones y empezó a actuar. Si bien este no era su plan original, Eva aprovechó la oportunidad. «¿Por qué no? Si no funciona, tengo una buena educación y tendré un buen trabajo», pensó. Y así incursionó en el mundo de la actuación.

No obstante, el éxito no llegó de la noche a la mañana. Fue «extra» durante años y poco a poco consiguió mejores papeles. Así fue hasta que en 2004 participó en la serie que la volvería mundialmente famosa: *Esposas desesperadas*.

«Yo digo que soy texicana, porque soy texana y mexicana», afirma Eva con orgullo. Gracias a su fundación ha utilizado su voz e influencia para luchar en contra de la discriminación hacia los latinos; también ha ayudado a promover oportunidades y educación para la niñez latina y la igualdad de género. «Me encanta luchar por algo y pensar después: "Guau, generamos un cambio"», confiesa la actriz.

Hay muchas maneras de cambiar al mundo. Una de ellas puede ser contando una historia para denunciar una injusticia o para proponer soluciones a problemas cotidianos. En 2010, por ejemplo, Eva fue la productora ejecutiva del documental *La cosecha,* el cual evidenció el trabajo de niños inmigrantes en los campos agrícolas de Estados Unidos.

Selecciona un problema que te interese y consideres que necesita atención de manera urgente. Desarrolla la idea para un minidocumental para que Eva lo produzca.

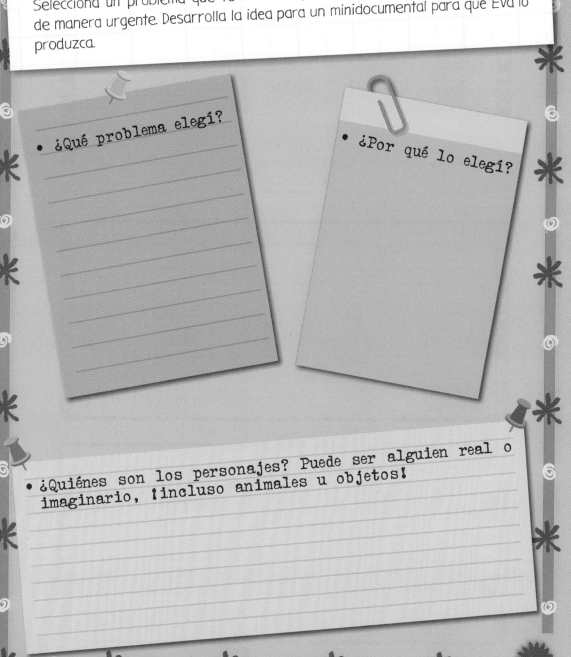

- ¿Qué problema elegí?

- ¿Por qué lo elegí?

- ¿Quiénes son los personajes? Puede ser alguien real o imaginario, ¡incluso animales u objetos!

- ¿CUÁL ES LA HISTORIA? DESCRIBE DE FORMA BREVE QUÉ VERÍAMOS EN EL MINIDOCUMENTAL.

1

2

3

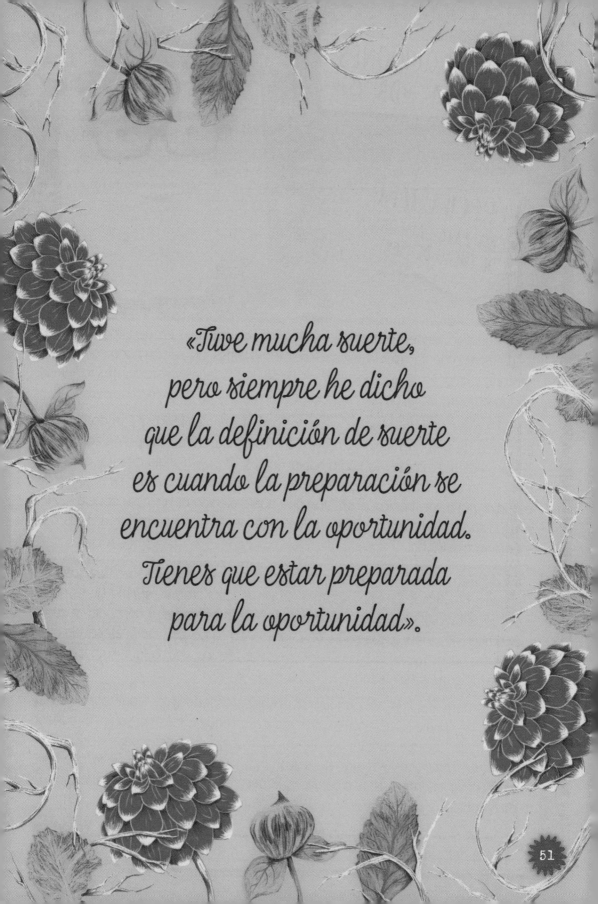

«Tuve mucha suerte,
pero siempre he dicho
que la definición de suerte
es cuando la preparación se
encuentra con la oportunidad.
Tienes que estar preparada
para la oportunidad».

ALFREDO QUIÑONES-HINOJOSA, «DR. Q»

NEUROCIRUJANO
(MEXICALI, BAJA CALIFORNIA, 2 DE ENERO DE 1968)

Todos quienes tienen contacto con él están de acuerdo en una cosa: Alfredo es un médico de un talento excepcional. Es, además, un ser humano compasivo, cercano y amoroso. Quizá por eso sus pacientes, colegas y estudiantes lo llaman cariñosamente Dr. Q, apodo formado con la inicial de su primer apellido.

A los 19 años Alfredo decidió cruzar la frontera entre México y Estados Unidos en busca de una vida mejor. Una vez ahí, comenzó en los campos pizcando algodón, melón y tomate. No sabía hablar inglés, era un trabajo difícil y cansado, pero él no se rendía. Sabía que era un primer paso para cumplir su objetivo de estudiar para ser médico, profesión que había elegido al ver a su abuela, quien era curandera en México, ayudar a las personas a sentirse mejor gracias a la medicina tradicional.

Así que Alfredo pasó de los campos a las aulas, y de ahí a los laboratorios. «He pasado los últimos 20 años de mi vida en un laboratorio», afirma Dr. Q, quien desde entonces se propuso una meta inmensa: entender y aprender a curar el cáncer de cerebro. Cada año, Dr. Q opera cerca de 250 tumores cerebrales; además ha desarrollado una prometedora técnica con células madre para combatir esta enfermedad.

No obstante, más allá de sus logros médicos y científicos —¡que son muchísimos!—, Dr. Q ha buscado que su conocimiento llegue a más personas alrededor del mundo, así que comenzó a llevar su trabajo a países como México para capacitar a médicos y tratar de salvar más vidas. Dr. Q dice que lo que hace es «formar puentes, darle a la gente esperanza, aprender de los cirujanos de otros países y compartir».

Dr. Q ha sido reconocido mundialmente en su lucha incansable por encontrar la cura del cáncer de cerebro.

Nuestro cerebro es un órgano que forma parte del sistema nervioso y ¡es supercomplejo! Pongamos a prueba tu intuición: colorea las partes del cerebro como tú quieras, recórtalas y arma el rompecabezas. Una vez que lo tengas armado, completa la tabla de abajo, indicando el color que elegiste y pensando en actividades que puedan ejercitar cada parte de acuerdo con las funciones que desarrollan.

PARTES DEL CEREBRO

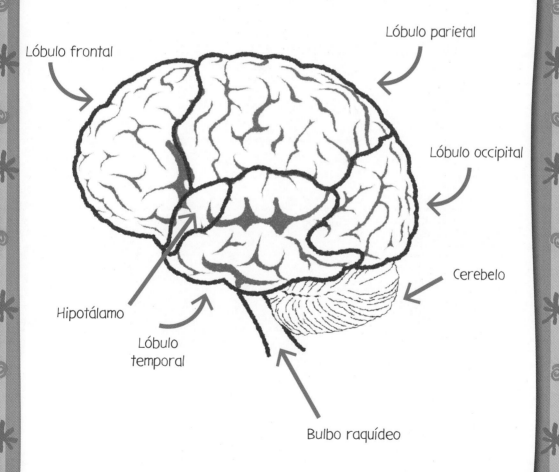

Lóbulo parietal

Lóbulo frontal

Lóbulo occipital

Cerebelo

Hipotálamo

Lóbulo temporal

Bulbo raquídeo

¿SABÍAS QUE CADA UNA DE ESTAS PARTES TIENE UNA FUNCIÓN ESPECÍFICA?

	Función	Color elegido para tu rompecabezas
Lóbulo frontal	Se ocupa del control de movimientos voluntarios, la resolución de problemas, el desarrollo de la personalidad y procesos como la toma de decisiones o la comunicación verbal.	
Lóbulo parietal	Es el encargado de interpretar sensaciones, manejar la conciencia corporal, entender el lenguaje y controlar la percepción y atención.	
Hipotálamo	Órgano encargado de regular la respuesta del organismo a los cambios en el medio que nos rodea.	
Lóbulo occipital	Está a cargo de nuestra visión y percepción.	
Lóbulo temporal	Es el responsable de la audición, el lenguaje y el almacenamiento (memoria).	
Cerebelo	Controla la postura, el balance y la coordinación de movimiento, es decir, toda coordinación muscular y otros movimientos no controlados a voluntad.	
Tronco encefálico	Es la unión entre la médula espinal, el cerebelo y el cerebro. Regula la información que viaja hacia esos tres componentes. Entre sus tareas está el control cardiaco, la respiración, el sueño y la conciencia.	

¿Sabías que el cerebro está dividido en dos hemisferios? El hemisferio derecho se encarga de todas las funciones que tienen que ver con la creatividad; por otro lado, el izquierdo es el hemisferio encargado de las tareas lógicas. ¿Puedes asociar a qué lado pertenecen estas actividades?

Imaginación (   ) Habilidad científica (   ) Control de la mano derecha (   )
Sentido musical (   ) Lenguaje escrito (   ) Habilidad numérica (   ) Intuición (   )
Emociones (   ) Orden (   )

PARTES DEL CEREBRO

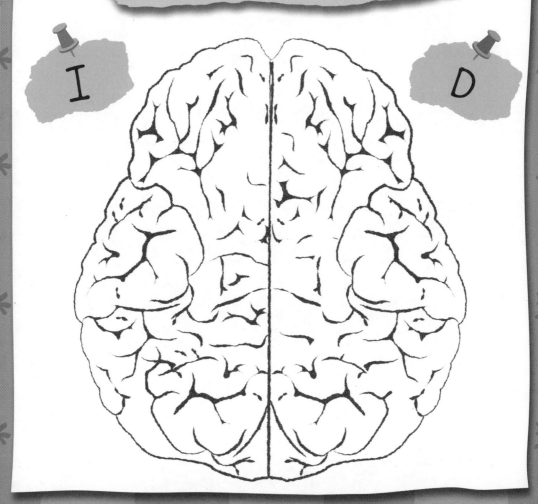

I

D

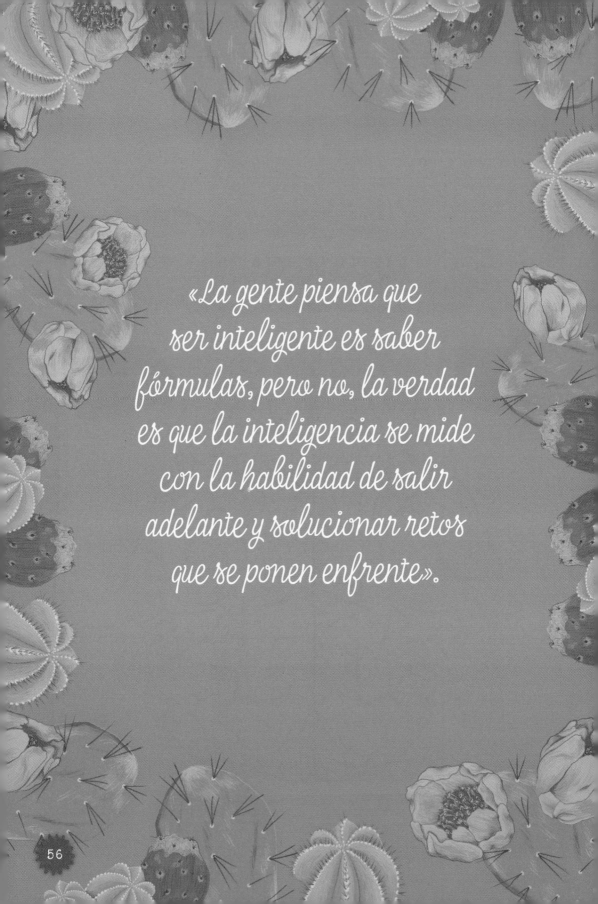

«La gente piensa que ser inteligente es saber fórmulas, pero no, la verdad es que la inteligencia se mide con la habilidad de salir adelante y solucionar retos que se ponen enfrente».

EVELYN CISNEROS
Bailarina

(LONG BEACH, CALIFORNIA, 18 DE NOVIEMBRE DE 1958)

Es difícil pensar que una persona que baila sobre un escenario pueda ser extremadamente tímida, pero ese era el caso de Evelyn. Y fue la danza, en particular el ballet clásico, lo que la ayudó para superar esa timidez. Cuando era muy pequeña, su mamá, de origen mexicano, pensó que le haría bien tomar clases de ballet; insistió e insistió hasta que a los siete años Evelyn accedió a ir a una sesión de prueba. «Me dolía el estómago de los nervios y fingía que estaba enferma para no ir», recuerda.

Una vez ahí, se dio cuenta de que la danza era una forma de expresión hermosa, y que sus movimientos la ayudaban a comunicarse con las personas y a estar feliz consigo misma; decidió entonces seguir adelante. Para ayudar a pagar sus clases, su mamá trabajaba como recepcionista en la academia de ballet.

Conforme fue creciendo y mejorando, Evelyn se dio cuenta de que no había muchas bailarinas de piel morena, como la suya, ni con su cultura latina, de la cual ella y su familia siempre se habían sentido muy orgullosos. No permitió que los prejuicios de otras personas definieran su futuro y continuó luchando hasta obtener un lugar en el prestigioso Ballet de San Francisco a los 16 años.

Durante los siguientes 23 años Evelyn siguió bailando con liderazgo, pasión y un estilo único para el Ballet de San Francisco. Hizo historia al convertirse en la primera latina *prima ballerina*, o bailarina principal, interpretando el papel de Aurora en *La bella durmiente*. Al concluir su carrera como intérprete, Evelyn se ha dedicado a promover que más niñas y niños, en especial latinos, conozcan y se enamoren, como ella, de la danza.

¿LISTO PARA SUBIRTE AL ESCENARIO Y BRILLAR MÁS QUE CUALQUIER REFLECTOR? ANTES DE COMENZAR A PRACTICAR TUS MOVIMIENTOS DE BAILE O DE PENSAR EN ALGUNA COREOGRAFÍA PARA TU MELODÍA FAVORITA, INTENTA ESTAS CINCO POSICIONES BÁSICAS DE BALLET. ¡RECUERDA CALENTAR TUS MÚSCULOS ANTES!

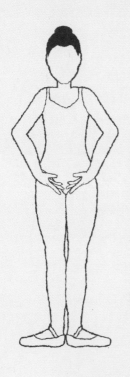

PRIMERA POSICIÓN: junta los talones y mantén las puntas de los pies hacia afuera. Tus brazos deben formar un círculo, con los dedos estirados, casi tocándose.

SEGUNDA POSICIÓN: separa los talones, con las puntas de los pies mirando hacia afuera y las piernas estiradas. El espacio entre tus piernas será el equivalente a lo que mida el largo de tu pie. Estira los brazos hacia los costados, a la altura de tus hombros, con las palmas hacia abajo.

TERCERA POSICIÓN: con las puntas mirando hacia afuera, coloca el talón de un pie delante del arco del otro. Deja extendido el brazo izquierdo y baja el derecho para formar un medio círculo.

CUARTA POSICIÓN: cruza los pies para que queden en paralelo (es decir, el talón de uno estará a la altura de los dedos del otro) con una separación del largo de tu pie. Flexiona ligeramente el brazo derecho hacia adelante y extiende el izquierdo de forma vertical.

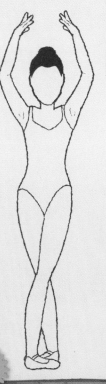

QUINTA POSICIÓN: esta posición es similar a la anterior, solo debes eliminar el espacio entre tus pies: el talón de uno tocará los dedos del otro. Extiende hacia arriba ambos brazos.

«Me gusta poder ser
un ejemplo para
niñas y niños,
sobre todo porque
soy mexicana. El
solo hecho de ver
a alguien con tu
mismo color de piel
te inspira a esforzarte
para tener un alto
nivel de excelencia en
lo que haces».

Edward James Olmos

Actor y director
(Los Ángeles, California,
24 de febrero de 1947)

De niño, Edward era un extraordinario jugador de beisbol. Le encantaba ese deporte y bateaba como pocos. De hecho, ¡fue campeón de bateo en varias ocasiones en su liga local! Vivía en un vecindario en donde había familias de todos los orígenes: mexicanas —como la suya–, chinas, rusas, coreanas y nativas americanas. En ese enorme «platón de ensalada», como él lo llamaba, aprendió lo importante que es el respeto a las diferentes culturas y a la diversidad.

En la adolescencia formó una banda de música en la que era el vocalista principal, a pesar de «cantar espantoso», como él recuerda entre risas. Para mejorar su show, Edward decidió tomar clases de actuación, que le fascinaron. Comenzó a hacer audiciones para pequeños papeles, hasta que logró interpretar en teatro a un «pachuco», como se les llamaba a los jóvenes mexicoamericanos rebeldes de la década de los cuarenta del siglo pasado. Gracias a este papel, fue nominado a un prestigioso premio Tony. A partir de entonces, su carrera como actor comenzó a despegar.

Edward ha recibido numerosos reconocimientos como actor y director, incluyendo un Globo de Oro y una nominación al Óscar. No ha sido sencillo, pues durante mucho tiempo era muy difícil que actores latinos encontraran buenos papeles en el cine y la televisión. Por ello desarrolló una iniciativa para hacer programas televisivos educativos y culturales que representen a los latinos en Estados Unidos. También trabaja muy de cerca con jóvenes que están en prisión para evitar que formen parte de pandillas, y lucha por la defensa de los pueblos indígenas de todo el planeta.

Olmos ha sido beisbolista, cantante, actor y ¡hasta un asteroide lleva su nombre! En 2008 el asteroide fue llamado EO (Edward Olmos) en su honor.

Lo bueno de intentar varias cosas, como hizo Edward, es que en una de ellas puedes encontrar tu verdadera vocación. Además, en el camino tienes la oportunidad de conocer a gente nueva y aprender habilidades que puedes poner en práctica más adelante. ¿Qué te gustaría intentar? Tal vez montañismo, repostería, astronomía o tejido. ¡Hay un universo de posibilidades! Completa la lista con las opciones que más te interese explorar.

Me gustaría intentar	porque...	¿Dónde puedo aprender/ comenzar?	¿Qué necesito para hacerlo?

«La educación es la vacuna contra la violencia».

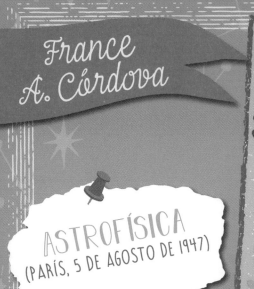

France A. Córdova

Había algo que a France le fascinaba desde niña: resolver acertijos y misterios. Desde pequeña pasaba horas en su cuarto o a la sombra de un árbol en su jardín en West Covina, California, leyendo novelas de Nancy Drew: una chica que, además de estudiar y llevar una vida normal, es una extraordinaria detective, capaz de resolver toda suerte de misterios.

France se dio cuenta de que la ciencia también estaba llena de misterios; no obstante, la mayoría de sus maestros no creían que las niñas podían o debían dedicarse a la ciencia. Durante algunos años France se dedicó a otras cosas, como escribir y viajar a México para trabajar en una exploración arqueológica en Oaxaca. Pese a ello, continuó fascinada por las ideas y teorías científicas que encontraba en libros y revistas.

Pero todo cambió cuando, el 20 de julio de 1969, fue testigo de la llegada del ser humano a la Luna durante la misión Apolo 11, evento que se transmitió por televisión. ¡Era increíble y ella quería ser parte de eso! Por ello estudió física y se convirtió en astrónoma. Al dedicar su vida a observar las estrellas, se ha convertido en una de las astrofísicas más importantes del país.

France fue la primera latina en ser rectora en la Universidad de California y también la persona más joven y la primera mujer en convertirse en jefa científica de la NASA. Ha sido directora de la Fundación Nacional Científica y trabaja todos los días para que cada vez más niños, y en especial niñas, así como personas provenientes de minorías puedan dedicarse a la apasionante aventura de la ciencia.

France cuenta que, cuando vio un especial sobre estrellas de neutrones en televisión, quedó enganchada en el cosmos. Pero ¿sabías que hay diferentes tipos de estrellas? Por ejemplo, ¿sabías que el Sol es una estrella? Así es, es una de «secuencia principal». Este tipo de estrellas son las que podemos ver y son más propensas a tener planetas que puedan albergar vida.

Para comenzar, las estrellas son bolas gigantes de gas extremadamente caliente. En su centro contienen partículas diminutas, llamadas átomos, que cuando chocan desprenden chispas, ¡lo que las hace brillar! Algunos tipos de estrellas son:

SUPERGIGANTE: son estrellas de dimensiones enormes. Tienen una vida breve porque consumen energía a un ritmo muy acelerado (lo que también las hace muy luminosas).

ENANA ROJA: es una estrella pequeña que vive durante una cantidad impresionante de tiempo (¡cientos de miles de millones de años!) porque, gracias a su tamaño, la reacción de su núcleo es lenta y estable. Son el tipo más común de estrellas en la Vía Láctea.

ENANA MARRÓN: ¡son las más pequeñas del universo! Y emiten muy poca luz. Desafortunadamente, eso las hace muy difíciles de ver.

No solo los científicos han quedado fascinados por el cosmos. Pintores como Remedios Varo *(Papilla estelar)* o Rufino Tamayo *(El hombre ante el infinito, Luna y sol* o *Mujeres alcanzando la luna)* no han podido apartar sus ojos del cielo y lo han incorporado en sus obras. ¡Crea tu propia noche estrellada!

NECESITARÁS:

- UNA CARTULINA DE COLOR AZUL OSCURO O NEGRA
- PINTURAS DE DIFERENTES COLORES Y TONOS, COMO DORADO, PLATEADO, BLANCO, AZUL, AMARILLO O ROJO. TAMBIÉN PUEDES USAR BRILLANTINA DEL COLOR QUE MÁS TE GUSTE, ESTAMPAS DE ESTRELLAS O DE OTROS CUERPOS CELESTES
- UN PINCEL, UNA ESPONJA O UN CEPILLO DE DIENTES
- PERIÓDICO O UN MANTEL PARA CUIDAR TU ESPACIO DE TRABAJO

Pasos a seguir:

1. Coloca el periódico o mantel sobre una superficie plana para poder trabajar cómodamente.

2. Sobre la cartulina empieza a pintar cómo se ve una noche estrellada para ti. Puedes dibujar puntos por todo el espacio, manchones aleatorios de diferentes tamaños, líneas que formen figuras. ¡Déjate llevar por tu imaginación!

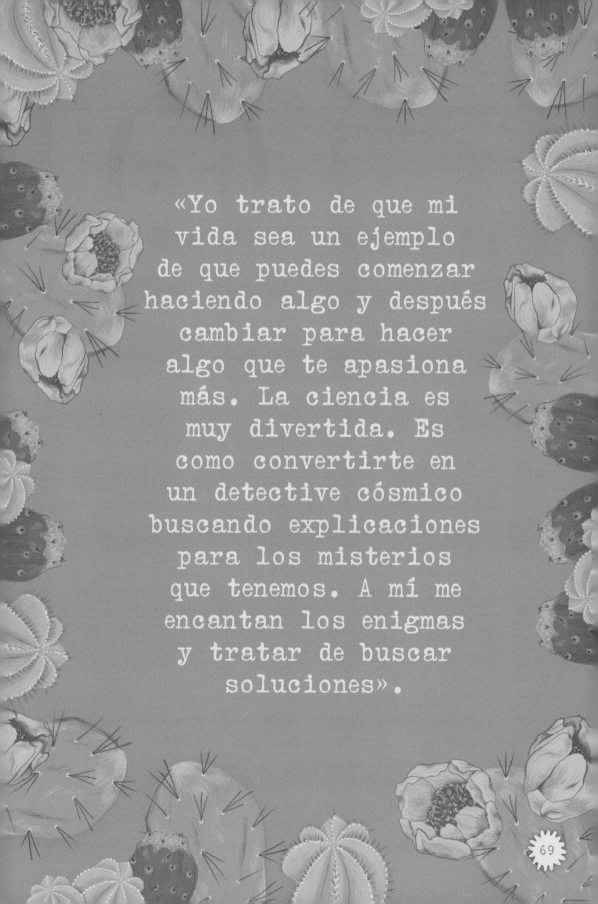

«Yo trato de que mi vida sea un ejemplo de que puedes comenzar haciendo algo y después cambiar para hacer algo que te apasiona más. La ciencia es muy divertida. Es como convertirte en un detective cósmico buscando explicaciones para los misterios que tenemos. A mí me encantan los enigmas y tratar de buscar soluciones».

Eloy Rodríguez

BIOQUÍMICO Y DIVULGADOR DE LA CIENCIA
(Edimburgo, Texas, 7 de enero de 1947)

¿Alguna vez has escuchado el dicho «la naturaleza es sabia»? ¿Sabías que algunos animales buscan y usan plantas para medicarse? Esta increíble conducta animal fue investigada por Eloy y otro colega suyo; como resultado, establecieron una nueva disciplina científica llamada zoofarmacognosis: el estudio de cómo los animales buscan en la naturaleza aquellas sustancias que necesitan para estar saludables o curarse si están enfermos. Eloy trabaja en laboratorios, pero una buena parte de sus investigaciones la lleva a cabo en las selvas amazónicas y africanas, en donde estudia plantas, primates y artrópodos (es decir, insectos, arácnidos y otros animales similares).

Eloy comenzó a interesarse por el medio ambiente desde muy joven, cuando pasó un tiempo en el campo como trabajador migrante. Tiempo después, mientras estudiaba la preparatoria, trabajaba limpiando un laboratorio; fue ahí cuando se dio cuenta de que la ciencia y la naturaleza eran algo genial y de que quería dedicar su vida a la investigación.

Aunque Eloy ha hecho grandes aportaciones a la ciencia, una de las cosas que lo hace sentir más orgulloso es apoyar el interés científico de estudiantes de todas las culturas y etnias. De hecho, a su laboratorio en la Universidad de Cornell se le conoce como el «laboratorio de las Naciones Unidas», porque en él trabajan personas de todo tipo. Además, fundó la organización Niños Investigando y Descubriendo la Ciencia (KIDS, por sus siglas en inglés), para que niñas y niños de diversos grupos raciales tengan oportunidad de explorar las ciencias.

El trabajo en el laboratorio necesita seguir varias reglas de seguridad para evitar accidentes o, en caso de que suceda alguno, saber cómo actuar. También es importante reconocer los materiales que se van a utilizar para realizar los experimentos. ¡Identifica los instrumentos de laboratorio! Puedes buscarlos en libros, en internet o pedir ayuda a algún adulto.

( ) Pipeta graduada   ( ) Tubos de ensayo

( ) Agitador   ( ) Matraz de Erlenmeyer

( ) Lampara de alcohol   ( ) Probeta graduada

( ) Mortero con mano   ( ) Vaso de precipitado

( ) Matraz Florencia   ( ) Caja de Petri

7.

6.

1.

4.

3.

2.

9.

5.

8.

10.

Respuestas:
1. Agitador, 2. Tubos de ensayo, 3. Matraz de Erlenmeyer, 4. Probeta graduada, 5. Vaso de precipitado, 6. Lampara de alcohol, 7. Pipeta graduada, 8. Mortero con mano, 9. Caja de Petri, 10. Matraz Florencia

71

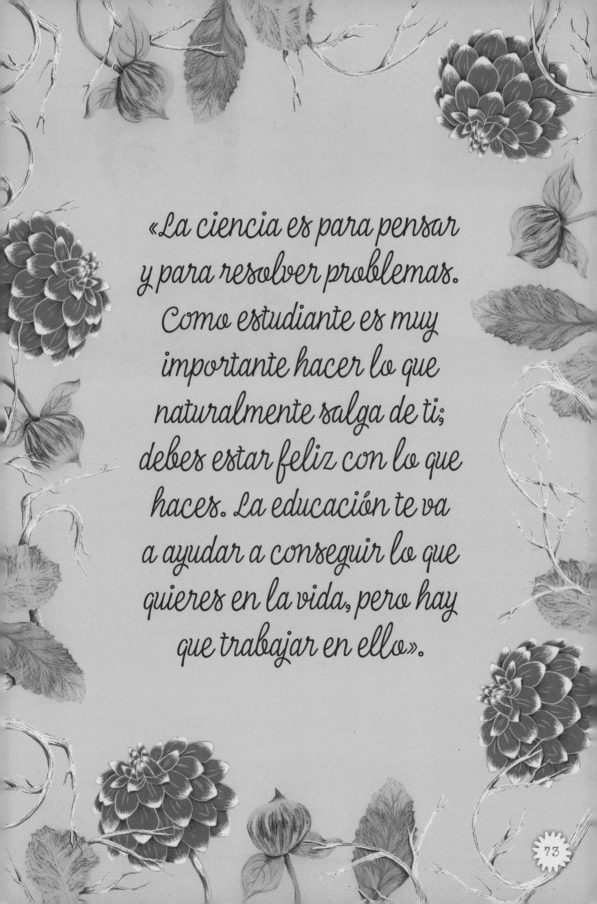

«La ciencia es para pensar y para resolver problemas. Como estudiante es muy importante hacer lo que naturalmente salga de ti; debes estar feliz con lo que haces. La educación te va a ayudar a conseguir lo que quieres en la vida, pero hay que trabajar en ello».

Gloria E. Anzaldúa

POETA Y FEMINISTA

(Río Grande Valley, Texas,
26 de septiembre de 1942 -
Santa Cruz, California,
15 de mayo de 2004)

Como muchas niñas y niños mexicoamericanos del siglo pasado, Gloria creció preguntándose sobre sus orígenes: ¿era mexicana?, ¿estadounidense?, ¿una combinación de las dos? Si ese era el caso, ¿qué tipo de combinación? Todas esas preguntas rondaban en su cabeza mientras trabajaba, junto con su familia, como recolectora en los campos de cultivo en Texas. Como muchas familias de trabajadores agrícolas, la de Gloria viajaba constantemente; fue a raíz de esas experiencias, y de lo que observaba como habitante de la frontera, que comenzó a escribir.

Para Gloria era importante definir su propio lenguaje, así que muchas veces escribía en inglés y en español al mismo tiempo: un fenómeno lingüístico que se conoce como *spanglish*. Ella decía que solo tú puedes definir cómo te expresas mejor y que para muchas personas de la frontera, como ella, ni el español ni el inglés solos cumplían con esta función. En la frontera todo es una mezcla, pensaba, y todo refleja esa mezcla, incluso el lenguaje y el arte.

Era, además, una fuerte y decidida feminista: sabía que era necesario que las mujeres de color levantaran la voz para exigir sus derechos y el fin del racismo del que con frecuencia eran víctimas. Nadie antes de ella habló con tanta valentía, fuerza y claridad sobre estos temas.

Hoy, universidades y centros de estudios ofrecen premios y reconocimiento en nombre de Gloria, a quien se le recuerda como una de las escritoras feministas chicanas más importantes de la historia.

LA ESCRITURA DE GLORIA ESTUVO INFLUENCIADA EN GRAN MEDIDA POR SU HISTORIA PERSONAL. CON SUS POEMAS Y ENSAYOS, EN LOS CUALES RECORDABA MOMENTOS DE SU VIDA, RESPONDIÓ UNA Y OTRA VEZ LA PREGUNTA «¿QUÉ SOY?».

Y tú, ¿qué eres? Tal vez eres hermano o hija, estudiante, nadadora, pintor, amiga o vecino. Escribe un breve texto (puede ser un poema, un cuento o un pequeño ensayo) en el cual te describas a partir del lugar en donde vives, tus grupos cercanos, tus intereses, tus sueños.

Soy

_____

_____

_____

_____

_____

_____

_____

_____

El término «chicana», «chicano», fue ampliamente utilizado para referirse a los mexicanos viviendo en Estados Unidos o a los estadounidenses de origen mexicano.

75

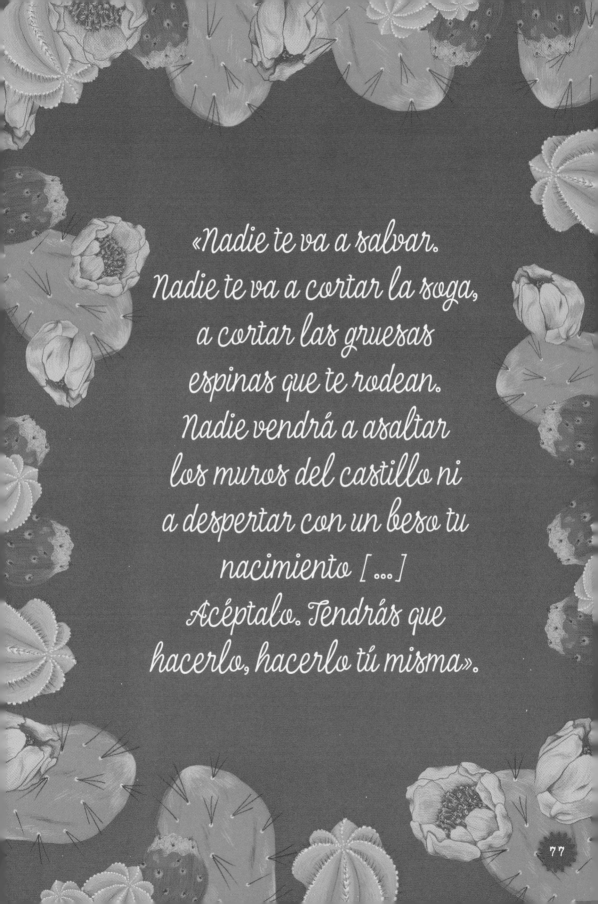

«Nadie te va a salvar.
Nadie te va a cortar la soga,
a cortar las gruesas
espinas que te rodean.
Nadie vendrá a asaltar
los muros del castillo ni
a despertar con un beso tu
nacimiento [...]
Acéptalo. Tendrás que
hacerlo, hacerlo tú misma».

Comediante, actor y productor
(MISSION HILLS, CALIFORNIA, 23 DE ABRIL DE 1961)

¿A quién no le gusta echarse una buena carcajada? La risa, dicen por ahí, es la mejor medicina para el alma, y George es un experto en eso: hacer reír a la gente... ¡y lo goza en grande!

Sin embargo, no siempre fue así. Su padre lo abandonó cuando tenía apenas dos meses y su mamá cuando tenía 10 años. Así que George creció con su abuela Benita, que trabajaba en una fábrica. No había mucho dinero en su casa y tanto su abuela como su esposo trabajaban largas horas, así que no pasaban mucho tiempo juntos. La vida en la escuela tampoco era fácil para él. George recuerda que los niños se burlaban de su físico; además, era víctima frecuente de ataques debido al color oscuro de su piel.

Al paso de los años, George logró transformar esa tristeza en risas y en una forma de comedia única y original que retrataba la cultura latina, en particular a la mexicoamericana. Al salir de la preparatoria, se dio cuenta de que podía y quería vivir de reír y hacer reír a la gente; pese a que en ese entonces no había muchos latinos que lo hicieran, él sabía que tenía que intentarlo. Fue así que comenzó presentándose en pequeños clubes de *stand up*; cierto día, la actriz Sandra Bullock asistió a una de sus presentaciones y quedó tan impresionada con su talento que le propuso hacer un programa de televisión. Aunque el camino para lograrlo no fue fácil, en 2002 salió al aire el primer episodio del programa de comedia *George Lopez*.

Desde entonces ha actuado y producido numerosos programas de televisión, además de participar en películas e incluso escribir un libro sobre su vida.

George ha demostrado una y otra vez que hasta las situaciones más difíciles pueden sacarnos una buena carcajada. Aunque tiene programas de televisión, películas e incluso libros, es durante los shows en vivo cuando siente más libertad a la hora de crear.

¡Es tu turno de hacer una rutina de comedia! Seguro también la has escuchado con el nombre de *stand up comedy*; consiste en un show en el que el comediante interactúa con una audiencia en vivo por medio de sus chistes o monólogos. Es muy importante que los espectadores se sientan involucrados y representados con los hechos que se cuentan. Te dejamos algunos puntos para la escritura de tu rutina.

1. Selecciona un acontecimiento de tu vida que quieras contar. Piensa por qué te parece gracioso y cómo otras personas se pueden identificar.

2. Haz una lista de posibles temas. Ya que tienes la idea principal, piensa en otras situaciones que se relacionen con ese acontecimiento y que te ayuden a crear una narración. Por ejemplo, si escribes sobre tu experiencia en la escuela, puedes hablar sobre las clases, alguna excursión, los exámenes o los recreos.

3. ¡Hora de escribir! Primero, crea una introducción que hable de ti y de lo que vas a relatar. Después, empieza a contar los chistes, las bromas y las anécdotas que ya seleccionaste en el paso dos. Procura empezar con el que menos risa te dé para que, conforme avances, llegues al momento más chistoso hasta cerrar con una gran carcajada.

Practica tu rutina frente al espejo para que sientas más confianza en tus movimientos, tu tono de voz y tus posibles interacciones con el público. Cuando te sientas preparado, ¡invita a tu familia y a amigos a escuchar tu rutina! Recuerda que lo más importante es que todos pasen un buen rato.

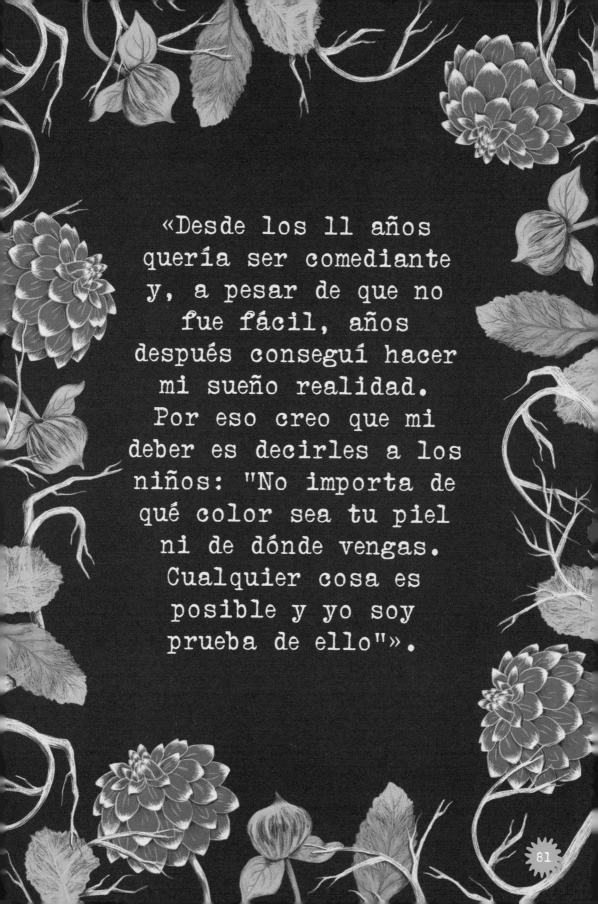

«Desde los 11 años quería ser comediante y, a pesar de que no fue fácil, años después conseguí hacer mi sueño realidad. Por eso creo que mi deber es decirles a los niños: "No importa de qué color sea tu piel ni de dónde vengas. Cualquier cosa es posible y yo soy prueba de ello"».

JOAN BAEZ
Cantante y activista

(STATEN ISLAND, NUEVA YORK, 9 DE ENERO DE 1941)

En casa, Joan aprendió desde muy pequeña la importancia de luchar para cambiar al mundo de forma pacífica y hacerlo un lugar más justo para todos. Su padre, el científico Albert Baez (pág. 16), era un declarado pacifista, y ella y sus hermanas crecieron convencidas de que no debían ignorar problemas como la discriminación, sino combatirlos. Como hija de padre mexicano, ella misma fue víctima de discriminación cuando era niña; así pues, desde muy joven decidió que su voz, o más bien su música, sería una poderosísima herramienta para luchar por un mundo mejor.

Aprendió a tocar el ukelele y a los 16 años la guitarra acústica. Al poco tiempo comenzó a presentarse en pequeños conciertos y se negaba a tocar en auditorios en donde no se permitiera la entrada de personas de todas las etnias. A principios de la década de los sesenta del siglo XX se inició el movimiento por los derechos civiles en Estados Unidos y en contra de la Guerra en Vietnam; en este contexto, Joan se volcó a su música y al cambio social. En uno de sus momentos más memorables, ocurrido en agosto de 1963, marchó junto con el líder Martin Luther King en la llamada Marcha sobre Washington; ahí, frente a más de 250 mil personas reunidas por la protesta, interpretó «We Shall Overcome» («Saldremos adelante»), una canción que se había convertido en una especie de himno del movimiento por los derechos civiles.

Más allá de su éxito sobre el escenario, Joan ha dedicado su tiempo y energía a viajar a lugares en conflicto para buscar la paz y el respeto a los derechos humanos alrededor del mundo.

Para Joan la música es una herramienta política. En 1969 se presentó en el legendario festival de Woodstock para protestar en contra de la guerra en Vietnam y en 1963 marchó junto a Martin Luther King para demandar el fin de la segregación racial que se vivía en Estados Unidos. Sus letras buscan que se reconozcan los derechos humanos de todas las personas y demuestran su incansable compromiso por las causas sociales.

Siempre habrá muchísimas causas que apoyar: la lucha contra el cambio climático, la desmilitarización, la libertad de prensa, los derechos de los pueblos originarios, etc. Tomando como inspiración la música de Joan, escribe una canción con la que apoyes la causa que te interesa o expliques un problema que consideres que merece atención. Puede ser un asunto de tu colonia o hasta algún suceso mundial.

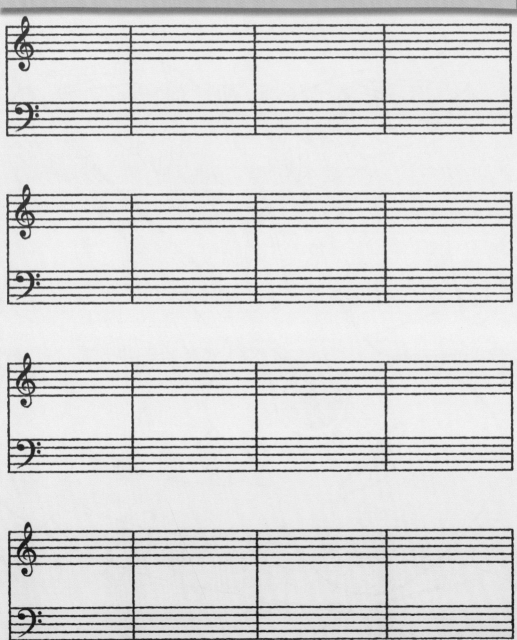

«La acción es el antídoto a la desesperación».

J. ANDRÉS BALLESTEROS

Músico
(Kentucky, 30 de marzo de 1991)

Andrés compuso su primera pieza musical en tercero de primaria; la escribió en un pedazo de papel y no alcanzó siquiera a ponerle nombre, pero era el comienzo de algo mágico para él. Dos años después escribió una canción a capela para el Coro Juvenil de Greensboro; para ello se inspiró en la vida de Erin, una niña que luchaba contra el cáncer. Presentó la canción frente a un auditorio lleno; entre los espectadores se encontraban los propios padres de Erin. Conmovidos, aplaudieron el trabajo de Andrés desde la galería.

La música y la composición eran su vida. Aprendió a tocar el piano, el clarinete y el violín, y pasaba su tiempo libre experimentando con ritmos y sonidos. Estudió Música en la Universidad de Harvard y en la Alianza Musical Europea Americana en París, Francia.

Andrés participa en el Grupo Eureka, un conjunto de músicos ubicado en la ciudad de Boston que busca hacer cambios sociales en temas relativos a la migración y las personas sin hogar, todo por medio de la música. Ejemplo de ello son los maravillosos conciertos para coro con mujeres en situación de calle; además de un salario, las mujeres reciben alimentos y la posibilidad de formar parte de un grupo que las ayude a salir adelante y a «sentirse personas otra vez», como ellas mismas afirman. Eureka trabaja también muy cerca de jóvenes migrantes.

Andrés siempre ha defendido la idea de que, a pesar de nuestras diferencias, todos los seres humanos merecemos reconocimiento, respeto y oportunidades. Fue por esta razón que en 2017 formó parte de un grupo de músicos que se aliaron para exigir que la Orquesta Sinfónica de Boston incluyera a más mujeres compositoras y personas de grupos racializados en sus conciertos. ¡Y lo lograron!

Andrés sigue componiendo y trabajando todos los días para llevar música a personas y comunidades que lo necesitan.

A VECES PENSAMOS EN COMPONER MÚSICA COMO ALGO SUMAMENTE COMPLICADO Y QUE SOLO UNAS POCAS PERSONAS PUEDEN LOGRAR, PERO ¿TE HAS DADO CUENTA DE QUE TODO EL TIEMPO PRODUCIMOS SONIDOS? AL SENTARNOS, AL TECLEAR, AL COLOCAR ALGO EN LA MESA. ¡Y NI HABLEMOS DE LOS SONIDOS QUE PODEMOS HACER CON NUESTRO PROPIO CUERPO! PODEMOS SILBAR, CHASQUEAR LOS DEDOS, APLAUDIR, DARNOS PALMADAS EN EL PECHO… TODOS ESTOS SONIDOS PUEDEN CONVERTIRSE EN UNA MELODÍA SI LOS MEZCLAMOS Y ORDENAMOS.

¡Es hora de componer! Crea una melodía con los sonidos que puedas hacer con tu cuerpo o con objetos cotidianos, como lápices, hojas, ligas y botellas. La única regla es no utilizar ningún instrumento musical. Deja que los sonidos del día a día invadan tu imaginación y hagan explotar tu creatividad. ¿Qué pasa si soplas con un popote en una botella con agua? ¿Si utilizas un par de zapatos para hacer sonidos bajos o algún juguete que emita silbidos u otros sonidos? Te dejamos este código para que te inspires y escuches a una banda que crea música con todo tipo de objetos.

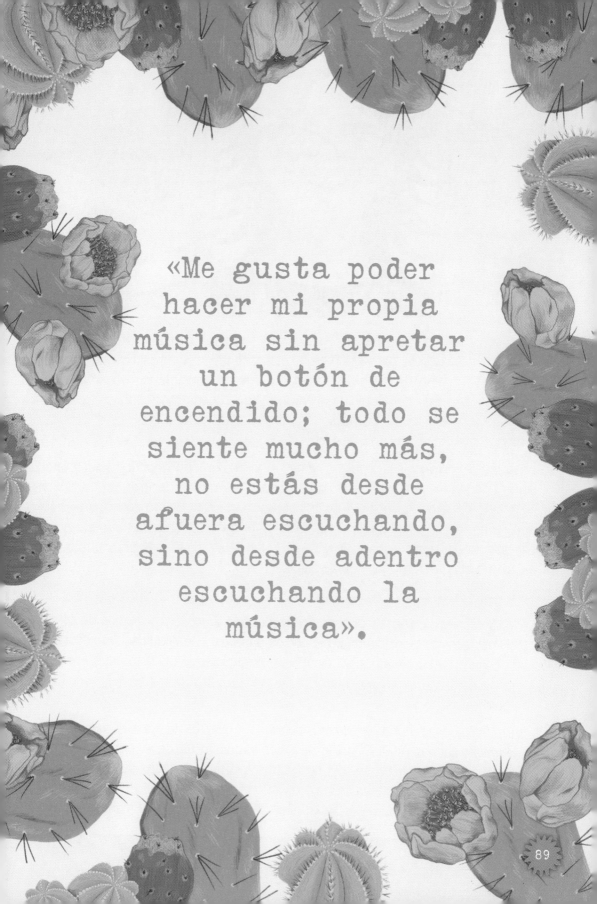

«Me gusta poder hacer mi propia música sin apretar un botón de encendido; todo se siente mucho más, no estás desde afuera escuchando, sino desde adentro escuchando la música».

MURALISTA
(LOS ÁNGELES, CALIFORNIA,
20 DE SEPTIEMBRE DE 1946)

En casa, Judy hablaba español con su abuela, su madre y sus tías, así que, cuando entró a la escuela, para ella fue un reto aprender en inglés. Uno de sus maestros se dio cuenta de las dificultades que enfrentaba y la motivó para que se expresara a través del dibujo. Fue entonces que quedó fascinada con la posibilidad que el arte brinda a las personas para comunicar toda clase de sentimientos o ideas.

Después de terminar sus estudios, Judy se enfocó en una idea: quería que el arte saliera de los museos y las galerías y que estuviera al alcance de todos. Con esa inspiración, fue a México a estudiar muralismo, un movimiento artístico y cultural que lleva el arte y sus ideas a las calles o a los edificios públicos para que las comunidades puedan disfrutarlo y reflexionar sobre distintos temas que de alguna forma las afectan o las representan.

Judy comenzó a formar grupos de jóvenes, en su mayoría latinos o de otros grupos étnicos, para pintar en espacios públicos; con ello buscaba reforzar el orgullo de su identidad y hacer visibles algunos de los retos que enfrentan. «Al contar todas sus historias, le damos voz a la gente que nunca ha tenido una», explica.

En 1976 comenzó uno de sus más grandes proyectos: la *Gran Muralla de Los Ángeles*, que cuenta la historia de California vista desde la perspectiva de las mujeres y las minorías. ¡En su hechura participaron más de 400 jóvenes y varios artistas, quienes trabajaron durante seis veranos! El hermoso mural mide casi 840 metros y se considera el más grande del mundo.

«¡Rompe el molde!
Sueña en grande.
Si no lo imaginas,
no puede suceder».

LOS MURALES DE JUDY SON UNA CELEBRACIÓN A LA DIVERSIDAD, LA CULTURA Y LA MEMORIA. ADEMÁS, EL HECHO DE QUE ESTÉN EN LUGARES VISIBLES PARA TODAS Y TODOS HACE QUE SE EXPONGAN TEMAS O MOMENTOS HISTÓRICOS QUE SE HAN RELEGADO.

SI TUVIERAS LA OPORTUNIDAD DE HACER UN MURAL SOBRE TU HISTORIA FAMILIAR, ¿CÓMO SE VERÍA? HAZ EL BOCETO AQUÍ.

JAIME LUCERO

EMPRESARIO Y FILÁNTROPO
(INDEPENDENCIA, PUEBLA, 1957)

Jaime es uno de los empresarios mexicoamericanos más exitosos de la historia reciente; por ello, muchos se sorprenden cuando se enteran de que emigró a Estados Unidos desde México sin saber hablar inglés y con nada más que sus estudios de secundaria. Tras cruzar a nado el río Bravo en la frontera, llegó a Nueva York a los 18 años y consiguió un trabajo como lavaplatos en un restaurante de mariscos en Queens. Trabajaba hasta 14 horas diarias y todas las noches, sin falta, se sentaba en la cocina del restaurante a traducir tres páginas de un libro para aprender inglés. Jaime también ahorraba todo el dinero que podía: su ilusión era algún día poder abrir un negocio propio.

Un día tuvo una idea que cambiaría su vida. Con sus ahorros compró a plazos un camión medio destartalado con el que comenzó a ofrecer sus servicios de repartidor, primero en comercios variados y, posteriormente, trasladando telas. Le fue tan bien que a los pocos meses pudo comprar nuevos camiones y contratar a inmigrantes como él para que lo ayudaran con las entregas. Sus ideas y disciplina hicieron que en los siguientes años su negocio creciera a niveles increíbles, y él aprovechaba su creciente influencia para apoyar a otros inmigrantes.

Fundó Casa Puebla en Nueva York, una organización que promueve la participación de la comunidad mexicana en Estados Unidos y lucha contra la deserción escolar de niñas, niños y jóvenes mexicoamericanos. Además, cada año organiza el famoso desfile del 5 de Mayo en Nueva York. En México, Jaime trabaja también para brindar oportunidades de educación y desarrollo para comunidades marginadas.

JAIME HA DEMOSTRADO QUE EL APOYO ENTRE LOS MIEMBROS DE UNA COMUNIDAD ES VITAL PARA SOBRELLEVAR LAS DIFICULTADES QUE SON CONSECUENCIA DE PROBLEMAS SOCIALES, COMO EL RACISMO Y LA DISCRIMINACIÓN. CON SOLIDARIDAD Y EMPATÍA PODEMOS CONSEGUIR MEJORES OPORTUNIDADES PARA TODAS Y TODOS.

¿Cómo informarías a tu comunidad sobre la discriminación y las acciones que podemos tomar para combatirla? Idea una pequeña historieta en la cual expliques qué es la discriminación, cómo podemos evitarla o alzar la voz contra estos actos, y por qué es importante la empatía y la igualdad de derechos y oportunidades.

TODAS Y TODOS CONTRA LA DISCRIMINACIÓN

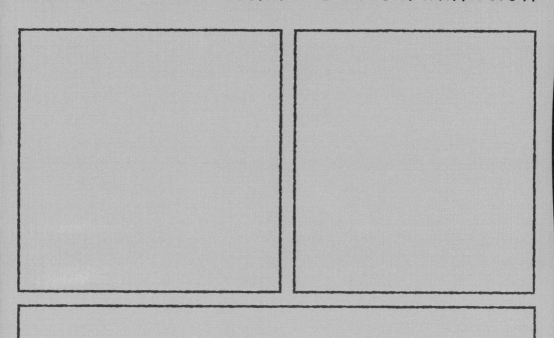

«Uno aprende que tiene que ver el esfuerzo y el sacrificio de manera positiva. Yo no tenía documentos y aun así siempre me preguntaba: ¿qué más hay? Yo vine desde México y dejé a mi familia, dejé todo. Yo no sentía que lavar trastes iba a ser mi trabajo de por vida. No podemos quedarnos en un lugar cómodo, siempre tenemos que recordar la razón por la que venimos aquí y esa debe ser siempre la motivación para probar que podemos llegar lejos».

LIZZIE VELASQUEZ

Activista

(AUSTIN, TEXAS,
13 DE MARZO DE 1989)

Lizzie nació en una amorosa familia mexicoamericana de Texas. Fue diagnosticada con una enfermedad que afecta sus ojos, corazón y huesos, y que además le impide subir de peso, no importa cuánto coma. Su condición le ha provocado también, desde muy pequeña, otra serie de problemas importantes de salud.

Su familia trató de que pudiera disfrutar su niñez, aunque no siempre era fácil. Ella cuenta que el primer día que fue a la escuela sus compañeros retrocedieron al verla, porque les dio miedo. Aun así, sus padres le decían que siempre debía ir a la escuela orgullosa de quien era, sonriente y amable con todos, aunque los demás no lo fueran con ella. Lizzie asegura que esa actitud positiva la ha ayudado a superar muchos momentos difíciles en su vida y a hacer buenos amigos.

Cierto día vio en internet un video que alguien había hecho burlándose de ella. Los comentarios al video eran muy crueles y eso la hizo sentir terriblemente mal por mucho tiempo. Sin embargo, decidió que no podía desperdiciar su vida sintiéndose triste y que iba a transformar todo lo negativo en fuerza positiva para salir adelante. Fue así que abrió su propio canal de YouTube para que la gente la conociera más allá de su aspecto físico. Fue todo un éxito.

Lizzie se presentó en 2013 en las famosas conferencias TED con su maravillosa plática *¿Qué es lo que te define?*, la cual tiene casi nueve millones de visitas; en 2015 salió a la luz un documental sobre su vida, titulado *Un corazón valiente: la historia de Lizzie Velasquez*. Lizzie es conferencista, ha escrito varios libros y lucha para que el Congreso de Estados Unidos apruebe una legislación contra el *bullying* en las escuelas.

«Solo tú eres quien decide qué te define como persona. Nadie más».

Para Lizzie ha sido fundamental saber quién es y poder definirse más allá de un diagnóstico. A veces nos da miedo poner en palabras qué somos, quiénes somos o cómo somos, porque hay muchas ideas de lo que deberíamos ser flotando en el exterior.

«Sé tú.
Sé increíble,
como eres».

Escríbete pequeños recordatorios para tu yo del presente, en los que expreses todo lo maravillosa o maravilloso que eres y todo lo que aspiras a ser o hacer. Recuerda siempre tratarte con cariño y respeto, y aplicar esto para las demás personas, pues nunca sabemos qué puede estar ocurriendo en su vida. Todas y todos hacemos nuestro mejor esfuerzo cada día.

«No dejes que el temor supere tu talento».

INVENTOR
(Woodlands, Texas, 1995)

Con frecuencia creemos que las niñas y los niños deben esperar a ser mayores para comenzar a «hacer algo» o «trabajar en algo». La historia de Javier nos muestra que eso no siempre es cierto. Desde pequeño, mientras estudiaba en casa, comenzó a experimentar y a crear objetos y máquinas para resolver algunos de los problemas que se encontraba. Así fue como, usando piezas de Lego, construyó un pequeño robot que le ayudaría a limpiar ¡sin que él tuviera que ensuciarse las manos!

Con la ayuda de su mamá, de origen mexicano, y de su papá, de origen taiwanés, y luego de experimentar armando y desarmando toda clase de aparatos, Javier descubrió que la base para hacer cosas nuevas y encontrar soluciones ingeniosas es la creatividad. A los 15 años fundó una organización llamada Inventores sin Fronteras, la cual busca soluciones innovadoras para problemas reales y frecuentes que encontramos en lugares marginados del planeta. Para Javier lo más importante es que sus creaciones tengan un efecto positivo en las comunidades, que ayuden a terminar con problemas tales como la pobreza y el cambio climático.

Después de algunos años de ensayos, errores, aprendizaje e investigación, Javier logró crear un prototipo de sistema increíble que, basado en varias tecnologías, produce combustibles limpios, alimentos para humanos y para animales de granja, además de retener gases contaminantes y producir oxígeno. ¡Y todo por medio de algas! Por su invento, ganó en 2012 el Desafío Inventa tu Mundo.

Javier está convencido de que todas las niñas y los niños pueden hacer un cambio en sus comunidades gracias a la ciencia y la tecnología.

La creatividad está en cada uno de nosotros y podemos utilizarla para solucionar problemas apremiantes de nuestras comunidades. A veces solo debemos fragmentar un gran desafío para poder analizarlo con mayor claridad y pensar en soluciones que aún no se han intentado. Observa a tu alrededor. Todas las cosas pueden ser un potencial componente para un invento.

Selecciona cinco objetos y crea con ellos algo que te pueda ayudar en tus tareas diarias; tal vez necesitas algo para que la luz de tu cuarto sea más potente, o requieres una alarma nueva para despertarte. Sea lo que sea, siempre habrá una solución creativa. Un invento que puedes hacer en casa es un sistema de riego para tus plantas.

NECESITARÁS:

- Una botella de pet (del tamaño que prefieras)
- Un clavo y un martillo
- Tijeras o un cuchillo dentado

PASOS A SEGUIR:

1. Limpia tu botella de plástico y la tapita para que los residuos que tengan no contaminen la tierra. También puedes remover la etiqueta para que no te estorbe en los siguientes pasos.

2. Con ayuda de un adulto, perfora la tapa de la botella con cuatro o cinco hoyos. Para hacer esto puedes utilizar el clavo y el martillo, o ayudarte de un taladro, si cuentas con uno. La cantidad de agujeros influirá en la cantidad de agua que saldrá: cuantos más agujeros perfores, fluirá más agua y a mayor velocidad. Intenta que los agujeros no sean muy pequeños para que no se tapen con la tierra.

3. Coloca la tapa de vuelta en la botella.

4. Corta la parte inferior de la botella con el cuchillo o con las tijeras. A veces las botellas de pet tienen una línea moldeada en la parte inferior; puedes usarla como guía para tu corte.

5. Cava un hoyo pequeño en la tierra de tu maceta, debe ser lo suficientemente profundo para que puedas colocar la mitad de la botella dentro de él. Ten cuidado con las raíces de tu planta para no lastimarlas.

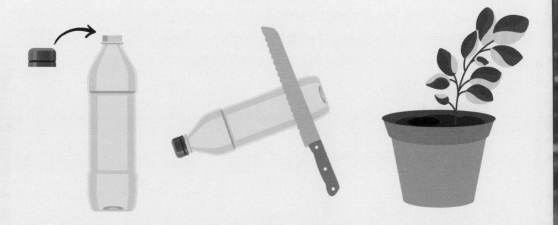

6. Acomoda la botella dentro del hoyo, con la tapa hacia abajo. Para que quede fija, aplana con tu mano la tierra alrededor.

7. Llena la botella con agua y ya está listo tu irrigador por goteo.

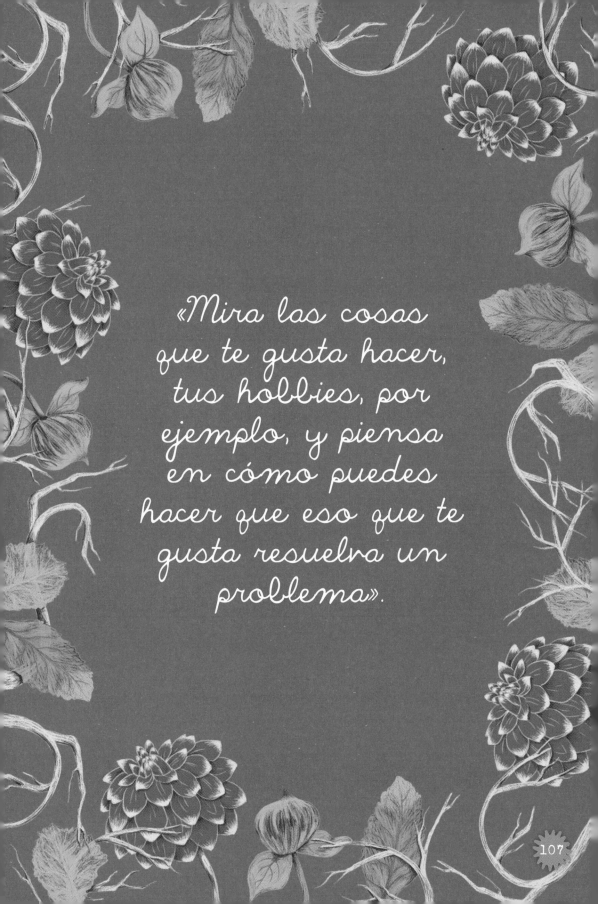

«Mira las cosas que te gusta hacer, tus hobbies, por ejemplo, y piensa en cómo puedes hacer que eso que te gusta resuelva un problema».

MÚSICA
(SAN FRANCISCO, CALIFORNIA,
11 DE MARZO)

¿Te ha pasado que de pronto, sin proponértelo, comienzas a golpear un objeto una y otra vez hasta encontrar un ritmo? Bueno, pues ¡eso mismo le pasaba a Luz Elena desde muy niña! «Escribía canciones, aunque no tuviera ningún instrumento; le pegaba a cualquier cosa y marcaba un ritmo. Me encantaba jugar así». Sus padres, originarios de Michoacán, escuchaban música popular mexicana, y ella y sus hermanos cantaban felices al ritmo de estas melodías.

También amaba comprar discos de música instrumental e inventar las letras que pudieran acompañarla. Después, los ponía en el reproductor y cantaba las canciones que ella había escrito.

Algunos años más tarde, cuando aprendió a tocar la guitarra, comenzó también a cantar en pequeños bares y restaurantes de su ciudad. Así llegó el año 2008, durante el cual creó Y La Bamba, el grupo de músicos con los que suele tocar.

La música de Luz Elena es un reflejo de lo que para ella significa ser mexicoamericana y lo difícil que es a veces que esas dos identidades convivan. Durante un tiempo, ha dicho, se sentía en medio de dos culturas, sin saber bien a bien a cuál pertenecía. Ahora le gusta decir que es «100% mexicana y 100% estadounidense», y que le encanta que su música refleje y valore esa voz única y original. «Cuando canto en español, canto la canción de mi sangre, siento que mis ancestros están conmigo y me siento acompañada; cuando lo hago en inglés, conecto con mi presente y con la oportunidad de pensar por mí misma habiendo crecido en Estados Unidos».

«La música
es una extensión
de todo lo que soy
por dentro».

Luz Elena escribió «Ojos del sol» para su papá, su mamá y su familia, y ella expresa que es una canción de amor incondicional. ¿A quién le escribirías una canción? Puede no ser necesariamente de amor, podría ser sobre la esperanza en el futuro o sobre los buenos momentos que han compartido.

Eres como el viento
El viento que me lleva
Volando por ahí
Volando por donde quiera
Como fantasma, fantasma
Como fantasma, fantasma que
A veces se aparece

No hay...
No hay nadie como tú
Es más...

Le pido a Dios que me dé felicidad
Y mucha paz
Para mi madre y mi padre

Hermanos, yo
Si he estado muy bien y mal
Ten piedad (ten piedad)
Ten piedad (ten piedad)
Ten piedad (ten piedad)
De hecho somos de la misma sangre

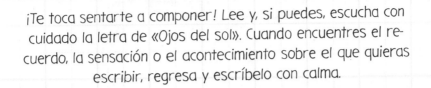

¡Te toca sentarte a componer! Lee y, si puedes, escucha con cuidado la letra de «Ojos del sol». Cuando encuentres el recuerdo, la sensación o el acontecimiento sobre el que quieras escribir, regresa y escríbelo con calma.

JORDI MUÑOZ

Ingeniero y creador de drones
(Ensenada, Baja California, 1987)

Para Jordi había algo mágico en volar; todo lo que tuviera que ver con aviones, alas y motores le fascinaba. Pasaba horas construyendo modelos con sus piezas de Lego, armando y desarmando cosas; le gustaba la electrónica y quería ser piloto aviador. Con cada objeto que construía, se preguntaba cómo podía mejorarlo o qué pasaría si cambiaba una pieza por otra. «Era una necesidad», reflexiona. «Tenía que saber cómo funcionaban las cosas».

En una ocasión, cuando ya vivía en Estados Unidos, tomó un helicóptero de control remoto que le había regalado su mamá y se preguntó cómo podía hacer que fuera más estable. Usando los sensores de su Nintendo y algunas otras piezas más, logró convertir el helicóptero en un dron que volaba de forma autónoma. Se dio cuenta, además, de que había una comunidad de personas en internet tratando de hacer y mejorar el vuelo de sus vehículos aéreos no tripulados (drones).

Sus creaciones comenzaron a ser muy populares; Jordi cuenta que en sus inicios logró vender hasta 40 drones por internet. Siempre con ideas creativas —¡y hasta un poco locas!—, a Jordi se le ocurrió usar un tostador común para fundir los circuitos electrónicos necesarios para armar los aparatos. En 2009 fundó la compañía 3D Robotics, la cual popularizó el uso de drones y desarrolló un sistema que se sigue utilizando en muchos vehículos aéreos no tripulados alrededor del mundo.

Hoy Jordi sigue trabajando en el desarrollo de software y drones y, como él mismo dice, disfrutando y divirtiéndose en el proceso.

Un dron es un vehículo aéreo no tripulado que funciona vía remota. Debido a que existe una gran variedad de tipos, suelen clasificarse dependiendo de su peso, tipo de vuelo o función. Te dejamos algunos ejemplos:

CUADRICÓPTEROS: son helicópteros con cuatro motores para su rotación y propulsión. Estos son los más conocidos por quienes no son especialistas. ¿Sabías que hay carreras de drones? Así es, ¡incluso ya se realizan campeonatos internacionales!

DRONES ANCLADOS: como su nombre lo indica, están conectados a una estación en tierra. Esto les permite mantenerse en vuelo durante varias horas, pero alcanzan una altura limitada.

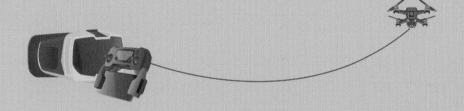

VEHÍCULO SUBMARINO NO TRIPULADO: también se le conoce como vehículo subacuático no tripulado o UUV, por sus siglas en inglés (*unmanned underwater vehicle*). Se utiliza en tareas de investigación submarinas.

Si diseñaras un dron, ¿cómo sería?
¿Para qué lo utilizarías? Haz un
primer boceto aquí:

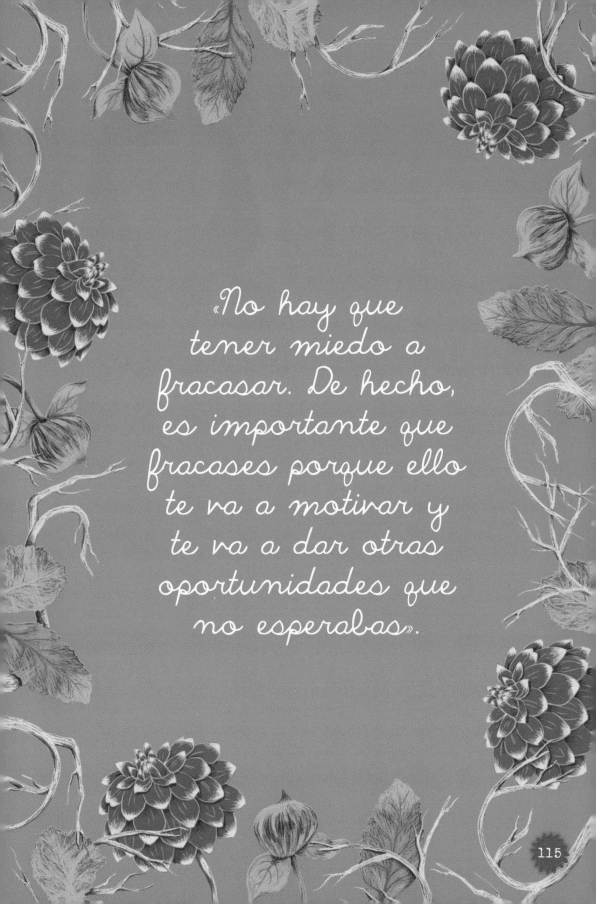

«No hay que tener miedo a fracasar. De hecho, es importante que fracases porque ello te va a motivar y te va a dar otras oportunidades que no esperabas».

Lydia Villa-Komaroff

Bióloga
(Santa Fe, Nuevo México, 7 de agosto de 1947)

Lydia supo desde los nueve años que quería ser científica cuando un tío suyo, químico de profesión, le mostró la investigación que había publicado en una prestigiosa revista de ciencia. Ella no entendía nada de lo que su tío le mostraba, pero le pareció un mundo maravilloso e indescifrable. Fue así como decidió estudiar Química en la universidad. Sin embargo, uno de sus profesores le dijo que las mujeres «no deben dedicarse a la química» y ella optó entonces por estudiar Biología. Viéndolo en retrospectiva, ahora se ríe. «Yo era muy joven y él era un profesor universitario respetado. No debí hacerle caso, pero no lo veía así en ese entonces», reflexiona.

La decisión de Lydia, sin embargo, la llevó a ser pionera en el campo de la biotecnología. Pasaba horas y horas en su laboratorio y, a pesar de los fracasos, estaba convencida de que eran parte importante de su trabajo: «La mayor parte de los experimentos falla, y los científicos debemos aceptar esos fracasos como parte del proceso».

Perseverar tuvo su recompensa: a los 31 años publicó un artículo en el que demostraba que se podía producir insulina —una hormona que ayuda a regular el nivel de azúcar en la sangre— a partir de bacterias, en vez de por medio del páncreas de animales, que era el método usado hasta entonces. Su descubrimiento resolvió un problema de abasto de insulina que ponía en riesgo la vida de muchas personas en el mundo.

Lydia ha sido una férrea defensora del valor de la ciencia y de la importancia de la participación de los latinos. Por ello, en una época temprana de su carrera, fundó la Sociedad para el Avance de los Chicanos/Hispanos y los Nativos Americanos en las Ciencias.

De los fracasos podemos aprender mucho, aunque suene como lo más extraño del mundo. Reevaluamos el procedimiento que utilizamos, ubicamos el punto que podemos cambiar y lo volvemos a intentar, ahora con un plan diferente y con algo de experiencia. Para poder llegar a su gran descubrimiento, Lydia tuvo que perseverar.

Eso no solo pasa en la ciencia, ¿verdad? Muchos momentos en la vida se sienten como prueba y error. ¿En qué situación has sentido que lo que hiciste no tuvo los resultados que esperabas? ¿Cómo ves ese momento ahora? Escríbele una carta a tu yo del pasado en la que lo animes a seguir intentándolo, le cuentes cómo resultaron las cosas y le aconsejes un nuevo camino para tomar.

Querido yo del pasado, no te desanimes...

¿Te has puesto a pensar en las dificultades que las personas cercanas a ti han tenido que superar? Pídeles a tres personas que te relaten un momento en el que se hayan sentido desanimadas y cómo lograron superar la situación. Puede ser alguien de tu familia, algún amigo o amiga, o alguien de tu comunidad a quien admires.

Persona 1: _____

Problema: _____

_____

Solución: _____

_____

Persona 2: _____

Problema: _____

_____

Solución: _____

_____

Persona 3: _____

Problema: _____

_____

Solución: _____

_____

«Me preocupa
el desprecio a
la evidencia
científica, existe
un sentimiento de
que la ciencia no
es tan importante a
la hora de tomar
decisiones [...] y eso
es muy peligroso para
nuestra sociedad».

JORGE RAMOS

Periodista
(Ciudad de México,
16 de marzo de 1958)

De pequeño, Jorge soñaba con ser un atleta olímpico; le encantaban los deportes y, por sobre todas las cosas, amaba el futbol; contaba las horas para terminar la escuela y poder salir a jugar a la calle enfrente de su casa con sus amigos de la colonia. Todavía hoy, muchos años después, cuando se presenta la oportunidad, no resiste ponerse los tenis para jugar una «cascarita». «Me encanta el sentido de comunidad y de amistad que da el deporte», explica.

En 1983 fue a Estados Unidos como estudiante y decidió quedarse a vivir ahí; en México había estado trabajando como periodista y sentía que en el país del norte tendría una mejor oportunidad de seguir su vocación: reportar las noticias, cuestionar a los poderosos y contar historias. Apenas tres años después de emigrar, Jorge se convirtió en uno de los conductores de noticias más jóvenes en la historia de la televisión estadounidense.

En sus más de 35 años de carrera ha entrevistado a algunos de los líderes más influyentes del planeta y viajado alrededor del mundo reportando sobre guerras, conflictos sociales y momentos históricos, como la caída del Muro de Berlín y los ataques terroristas del 11 de septiembre de 2001.

Pero más allá de premios y grandes entrevistas, Jorge ha sido un periodista comprometido con los millones de inmigrantes latinos en Estados Unidos: les da voz, cubre sus historias y cuestiona al poder y a las expresiones de racismo y xenofobia que se manifiestan en contra de la comunidad latina o de cualquier otra.

Entrevistar a alguien es una tarea que requiere mucha preparación previa: observar el entorno, seleccionar a la persona adecuada, investigar sobre el problema y su contexto, idear una serie de preguntas que tengan un objetivo final.

Si fueras periodista y tuvieras que elegir a alguien para hablar de un problema que afecta a tu comunidad, ¿a quién escogerías? ¡Hagamos una minientrevista!

Entrevistado o entrevistada:

Objetivo:

Fecha de la entrevista:

Pregunta 1:

Respuesta:

Pregunta 2:

Respuesta:

Pregunta 3:

Respuesta:

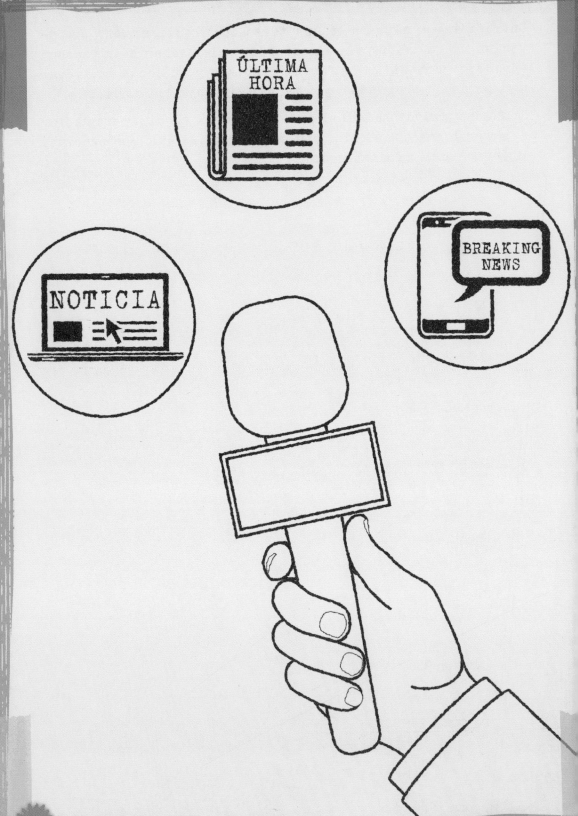

«Mi único consejo es: sigue tus sueños y haz lo que más te guste hacer. Yo elegí ser periodista porque quería estar en los lugares en los que se estuviera escribiendo la historia».

LYNDA CARTER

ACTRIZ
(Phoenix, Arizona,
24 de julio de 1951)

Lynda recuerda haberse sentado en la mesa de la cocina de su abuela para ayudarla con la comida; separaba los frijoles buenos de los malos y desgranaba los elotes para hacer la masa para las tortillas. Su abuela había emigrado a Estados Unidos desde Chihuahua y estaba muy orgullosa de sus raíces.

Quizá por ello, en una época en que actrices y actores solían esconder su identidad latina —porque de no hacerlo solo eran elegidos para representar papeles de personajes latinos—, Lynda decidió no ocultarla. «Todos sabían que yo era mitad mexicana; estaba y estoy orgullosa de ello, siempre he hablado de eso sin vergüenza», afirma.

Lynda cantaba y quería seguir una carrera musical; sin embargo, primero decidió entrar a concursos de belleza. En 1972 ganó el primer lugar de ¡todo Estados Unidos!, por lo que directores y productores de Hollywood comenzaron a buscarla para que actuara en sus producciones. Un día hizo una prueba para el papel principal de la serie de la Mujer Maravilla y ¡se quedó con él!

La versión de la Mujer Maravilla que interpretó Lynda es quizá la más recordada por los fanáticos de esta superheroína que pelea por la libertad y la justicia. El programa fue todo un éxito y ella se convirtió en ídolo de niñas y niños alrededor del mundo.

Lynda continúa actuando y cantando; además, usa su voz para defender los derechos de las mujeres, de los grupos racializados y de la diversidad sexual. Para ella, todas y todos deben ser tratados con respeto y dignidad.

La lucha de Lynda por la justicia ha ocurrido dentro y fuera de pantalla. Si tú fueras un superhéroe o una superheroína, ¿cuál sería tu misión en este mundo? ¿Por qué lucharías? ¿Cuál sería tu nombre? ¿Cómo sería tu traje? ¡Diséñalo aquí! Recuerda que todo superhéroe tiene una vida secreta, así que no olvides detallar cómo lucharías en contra del mal en tu vida como persona «normal».

DISEÑA EL VESTUARIO CON EL QUE ENCUBRIRÍAS TU IDENTIDAD.

Nombre: _

Ocupación: _

Causa que apoya: _

¿Amigos o amigas? ¿Familia?: _ _ _ _ _ _ _ _ _ _ _ _ _ _ _ _ _

Lugar donde vive: _

Nombre: _

Superpoder: _

Mal a combatir: _

¿Tiene algún ayudante?: _

Historia de origen: _

«Realmente creo que recibes lo que das; con eso en mente, mi consejo es ser amable y tolerante y buscar la excelencia en tu vida».

JOSÉ HERNÁNDEZ
Astronauta

(French Camp, California, 7 de agosto de 1962)

Cuando era niño, José trabajaba junto con su familia —inmigrantes provenientes de Michoacán— en la cosecha de alimentos, desde México hasta el sur de California. Era un trabajo duro: cosechaban toda clase de frutas y verduras, volvían a México para Navidad y comenzaban el ciclo de recolección de cosechas en la primavera.

José era inquieto y curioso, y le interesaban la ciencia y las matemáticas. En cierta ocasión, mientras trabajaba en un campo de betabel cerca de Stockton, California, escuchó por la radio que Franklin Chang-Díaz se convertiría en el primer astronauta latino de la historia. Desde ese momento supo lo que quería: ir al espacio. En ese entonces, José combinaba trabajo y escuela.

No fue un camino fácil, pero, por fin, el aspirante a astronauta se graduó como ingeniero y consiguió un puesto en el prestigioso Laboratorio Nacional Lawrence Livermore. Ahí colaboró para desarrollar nuevas técnicas en el campo de la medicina física y un sistema para detectar cáncer de mama en etapas más tempranas; por supuesto, José ganó reconocimientos por su aportación en este proyecto. Pese a encontrarse contento con los resultados, no se olvidó de su objetivo más grande: ser astronauta y participar en una misión espacial.

Su esfuerzo y perseverancia fueron recompensados en 2004, cuando ganó un lugar en la clase de candidatos a astronautas de la NASA, de la cual se graduó en 2006. Tres años después lo seleccionaron para participar en una misión del transbordador espacial *Discovery* con destino a la Estación Espacial Internacional. ¡Le dio 217 vueltas a la Tierra en 332 horas y 53 minutos! Durante su viaje, José se convirtió en el primer astronauta en la historia en enviar mensajes en español desde el espacio.

«Hice 11 veces mi examen para entrar a la NASA y finalmente me escogieron. Por eso creo que no hay que darse por vencido, porque todo es posible en la vida; ese es mi lema, se vale soñar grande».

¿Sabías que un conjunto de países está a cargo de la Estación Espacial Internacional (EEI)? Cada país, con su respectiva organización espacial, se encarga del funcionamiento, el mantenimiento y las investigaciones que se llevan a cabo dentro de la EEI. Las principales agencias que participan en ella son: la Administración Nacional de la Aeronáutica y del Espacio (NASA); la Agencia Japonesa de Exploración Aeroespacial (JAXA); la Agencia Espacial Federal Rusa (Roscosmos); la Agencia Espacial Canadiense (CSA) y la Agencia Espacial Europea (ESA). Ocasionalmente, la Agencia Espacial Brasileña (AEB) y la Agencia Espacial Italiana (ASI) contribuyen también.

A continuación puedes encontrar un diagrama con sus partes:

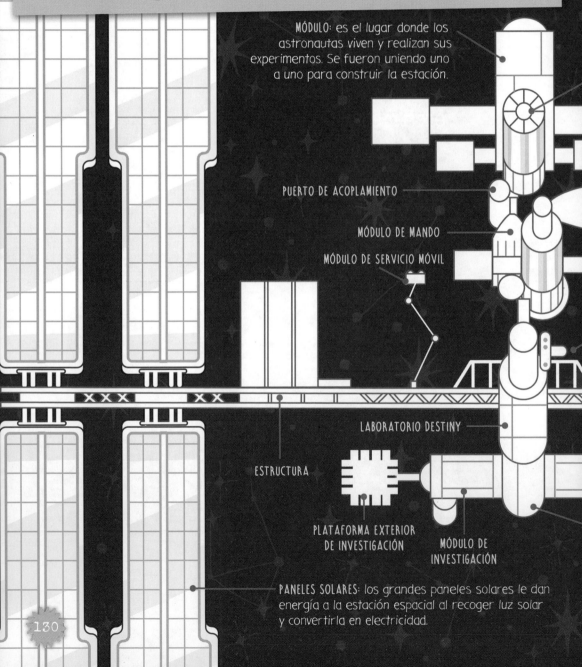

MÓDULO: es el lugar donde los astronautas viven y realizan sus experimentos. Se fueron uniendo uno a uno para construir la estación.

PUERTO DE ACOPLAMIENTO

MÓDULO DE MANDO

MÓDULO DE SERVICIO MÓVIL

LABORATORIO DESTINY

ESTRUCTURA

PLATAFORMA EXTERIOR DE INVESTIGACIÓN

MÓDULO DE INVESTIGACIÓN

PANELES SOLARES: los grandes paneles solares le dan energía a la estación espacial al recoger luz solar y convertirla en electricidad.

¡HAS SIDO SELECCIONADO PARA REALIZAR UN VIAJE DE 14 DÍAS A LA EEI! ¿CUÁLES SON LOS CINCO OBJETOS QUE NO TE PUEDEN FALTAR? PUEDE SER ALGO DE COMER, COMO UNA BOLSA DE PICAFRESAS O TAMBORCITOS, TU BEBIDA PREFERIDA, O ALGO PARA RELAJARTE, COMO TU LIBRO FAVORITO.

1. _______________
2. _______________
3. _______________
4. _______________
5. _______________

MÓDULO DE LABORATORIO

PUERTOS DE ACOPLAMIENTO: aquí se conectan las aeronaves que llegan de visita y por donde entran y salen personas y materiales.

CÁMARAS DE DESCOMPRESIÓN: estas habitaciones permiten a los astronautas salir de la estación para dar un paseo espacial.

LABORATORIO COLUMBUS

NODO: sección en la que una parte de la estación espacial se conecta con otra.

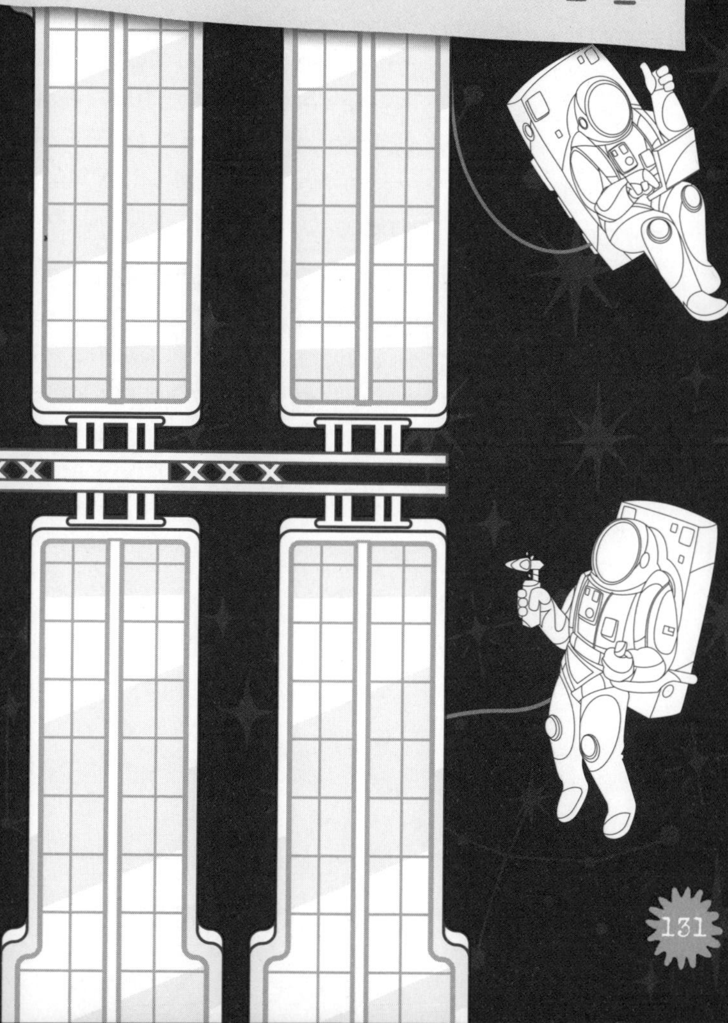

Maria Contreras-Sweet

EMPRESARIA
(GUADALAJARA, MÉXICO, 24 DE DICIEMBRE DE 1955)

Cuando Maria tenía cinco años emigró a Estados Unidos junto con su mamá y hermanos. Ella no hablaba inglés, lo cual le trajo muchos problemas en la escuela: sus maestros pensaban que no prestaba atención a las clases, cuando en realidad ¡no entendía bien lo que le decían! Con esfuerzo, aprendió poco a poco. A pesar de que su mamá trabajaba largas horas para mantener a su familia, no había mucho dinero en su casa; Maria afirma que esto la ayudó a aprender el valor del dinero desde pequeña: cómo ahorrarlo, cómo gastarlo y cómo invertirlo.

Maria quería ser maestra, sin embargo, la vida la llevó por otros caminos: después de estudiar la universidad, se convirtió en la primera mujer latina en el estado de California en servir en una importante oficina de gobierno, la cual se encargaba, entre otras cosas, de ayudar a empresas y empresarios. Fue entonces cuando se dio cuenta de que muchos empresarios latinos tenían menos oportunidades de pedir préstamos en los bancos, así que fundó la primera institución financiera en Los Ángeles enfocada en prestar dinero a la comunidad latina para hacer crecer sus negocios. Sentía una verdadera pasión por ayudar a su comunidad a emprender y ser exitosos.

Gracias a su arduo trabajo, en 2014 el presidente Barack Obama la nombró encargada de liderar los esfuerzos para apoyar a los pequeños y medianos empresarios en todo Estados Unidos. En la actualidad, Maria dedica su tiempo a hacer crecer su propia compañía y a promover que más latinos, sobre todo mujeres, emprendan sus propios negocios.

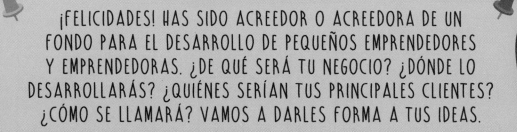

¡FELICIDADES! HAS SIDO ACREEDOR O ACREEDORA DE UN FONDO PARA EL DESARROLLO DE PEQUEÑOS EMPRENDEDORES Y EMPRENDEDORAS. ¿DE QUÉ SERÁ TU NEGOCIO? ¿DÓNDE LO DESARROLLARÁS? ¿QUIÉNES SERÍAN TUS PRINCIPALES CLIENTES? ¿CÓMO SE LLAMARÁ? VAMOS A DARLES FORMA A TUS IDEAS.

- ¿Tendré algún socio o socia?_ _
- Cosas que necesito para comenzar: _ _ _ _ _ _ _ _ _ _ _ _ _ _ _ _ _ _
- ¿Necesito aprender algo? (Cocinar, tejer, pintar, bordar): _ _ _ _ _ _ _ _ _ _
- Futuros clientes: _
- Punto de venta (puede ser un espacio físico o en línea): _ _ _ _ _ _ _ _ _

ABAJO ENCONTRARÁS UN MINIGLOSARIO DE TÉRMINOS QUE PUEDEN SERTE ÚTILES

AHORRO: cantidad de dinero que se guarda para utilizarlo en el futuro o usarlo en caso de emergencia.

CONTRATO: documento que utilizan las instituciones cuando adquieres un producto o un servicio. En él se encuentran los derechos y las obligaciones de ambas partes: la persona que contrata y la que adquiere el servicio o producto.

INGRESO: dinero que se recibe a cambio de la venta de un producto o servicio.

GASTO: dinero que se utiliza para comprar un bien o servicio.

CUENTA BANCARIA: producto financiero adquirido mediante un contrato con un banco para depositar, retirar o invertir dinero.

CLIENTE: persona que recibe el producto o servicio.

PRESUPUESTO: registro escrito en el cual se detalla cuánto dinero se tiene, qué se ha hecho con él (egresos), cuánto dinero se ha ganado (ingresos) y cómo se utilizará en un plazo determinado.

SALARIO: cantidad de dinero que se recibe por realizar un trabajo mediante un contrato. El pago es periódico, es decir, puede ser diario, semanal, quincenal o mensual.

Si te interesa aprender más sobre finanzas, puedes hacerlo aquí:

«Mi abuela me decía: no importa cuántos títulos tengas, lo importante es qué haces con ellos».

JUAN FELIPE HERRERA

POETA
(Fowler, California,
27 de diciembre de 1948)

Juan Felipe suele decir que de niño su hogar era un álbum de fotografías: ese que su madre le mostraba mientras viajaban para ir a trabajar a los campos de recolección de frutas y verduras de California. «Esa fue mi escuela y mi hogar: las historias que mi mamá me iba contando sobre su vida en México a través de las fotografías que tenía», recuerda. Sus viajes incluían también canciones sobre la Revolución mexicana, las cuales entonaban juntos durante sus viajes, y de ellas aprendió sobre rimas y palabras.

Una vez en la universidad, participó en el movimiento por los derechos civiles, el cual luchaba para que todas las personas, sin importar el color de su piel, fueran tratadas de igual forma. Comenzó a escribir sobre la experiencia de ser latino. Viajó por México y visitó pueblos indígenas; eso lo inspiró a escribir más y experimentar con otras formas de hacer arte.

Cuando la gente le pregunta cómo escribir poesía, él explica: «Para mí es casi como ser un científico loco... Mezclas algunas cosas, algunas palabras que pueden explotar, pueden sacar burbujas o despegar a una velocidad increíble. Mientras tenga un sentimiento, puedo escribir. Solo me siento y escribo ese poema. Todo puede salir de una idea... puede ser que escuche una canción en la radio y diga: ¡qué fantástico! Entonces corro a mi casa y me siento en mi computadora a escribir».

En 2015 Juan Felipe fue el primer latino en ser nombrado el poeta oficial de Estados Unidos (U.S. Poet Laureate). Hoy en día dedica parte de su tiempo a enseñar poesía y otras formas de arte, principalmente a migrantes y jóvenes de comunidades marginadas.

¿Te has puesto a pensar en todo lo que nuestra casa resguarda? Personas, objetos, recuerdos, sentimientos. Nuestros hogares son pequeños universos completamente únicos.

Vamos a escribir un poemario inspirado en este espacio. La idea es que por cada letra del abecedario selecciones una cosa y escribas una breve descripción de ella. Por ejemplo, A de abrigo, la herencia que me dejó mi abuela para abrigarme en los días fríos; B de Blackie, nuestra perrita que nos alegra los días; C de comedor, el lugar donde nos reunimos a jugar dominó... y así sucesivamente. Puede ser un poemario individual o colectivo, en el que cada persona que habite ahí complete una letra.

A. _____

B. _____

C. _____

D. _____

E. _____

F. _____

G. _____

H. _____

I. _____

J. _____

K. _____

L. _____

M.

N.

Ñ.

O.

P.

Q.

R.

S.

T.

U.

V.

W.

X.

Y.

Z.

«Estoy aquí para que otros se atrevan a hablar y a escribir con sus voces y sus historias familiares y su sentido del humor y sus preocupaciones más profundas y su forma de hablar en sus propios lenguajes. Quiero que la gente lo haga a través de este maravilloso medio que es la poesía».

Nancy Lopez

Golfista
(Torrance, California, 6 de enero de 1957)

Uno podría decir que lo de Nancy y el golf fue «amor a primera vista», porque desde el momento en que vio un palo de golf, a los ocho años, no dejó de jugar. Tenía una habilidad natural para ese deporte y su papá Domingo, de origen mexicano y dueño de un taller de reparación automotriz, decidió apoyarla a toda costa para que desarrollara su pasión. Por aquel entonces, en algunos lugares había una terrible discriminación que impedía que gente de piel morena entrara a los exclusivos clubes deportivos para practicar este deporte. Sin embargo, esto no detuvo a Nancy y a su papá, quienes buscaron todas las formas posibles de jugar. «Cuando estaba creciendo, los hispanos no tenían muchas oportunidades», recuerda. «El golf era un deporte muy caro y mi papá trabajaba mucho para darme la mejor oportunidad».

Sin embargo, tan solo un año después de haber tomado entre sus manos un palo de golf, Nancy ganó su primer torneo... ¡y lo hizo con una enorme ventaja! Para quien la viera jugar, era claro que ella tenía un talento extraordinario. A los 12 años, siempre acompañada y entrenada por su papá, ganó el Campeonato de Nuevo Mexico para Aficionadas. Pero, más allá de sus logros, ¿sabes cuál era el consejo que Domingo siempre le repetía a su hija? Que lo más importante de todo era que jugara feliz, sin presiones.

Siempre sonriente y calmada en el campo, Nancy ganó torneo tras torneo hasta convertirse en jugadora profesional a los 20 años. ¡En su primer año ganó nueve torneos! Y en toda su carrera lo hizo en más de 40 ocasiones, convirtiéndose en la primera mujer hispana en lograrlo. En 1987 entró al Salón de la Fama del Golf Mundial y ahora dedica su tiempo a promover el deporte que tanto ama.

Nancy es considerada una leyenda del golf. Sin embargo, todo comenzó tiempo atrás, en su infancia, gracias a los palos de golf que le regaló su padre. Fue la persona que la entrenó y motivó a seguir en este deporte que ambos tanto querían.

¿Has recibido un regalo que te cambió la vida? Tal vez te dieron un libro que hizo que te enamoraras de la lectura o un balón de voleibol con el que comenzaste tu camino en los deportes. Escríbele una carta a la persona que te dio ese regalo y explica cómo influyó positivamente en tu vida.

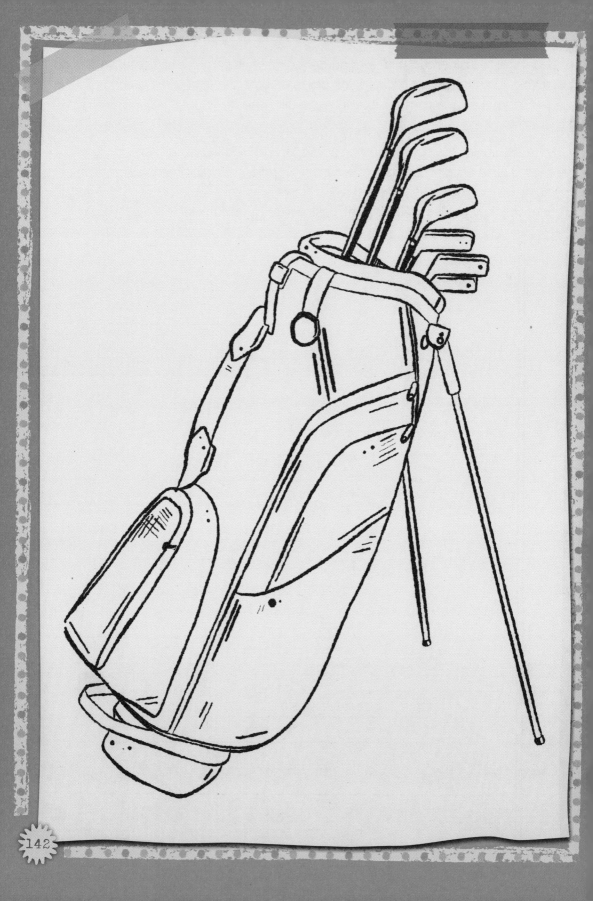

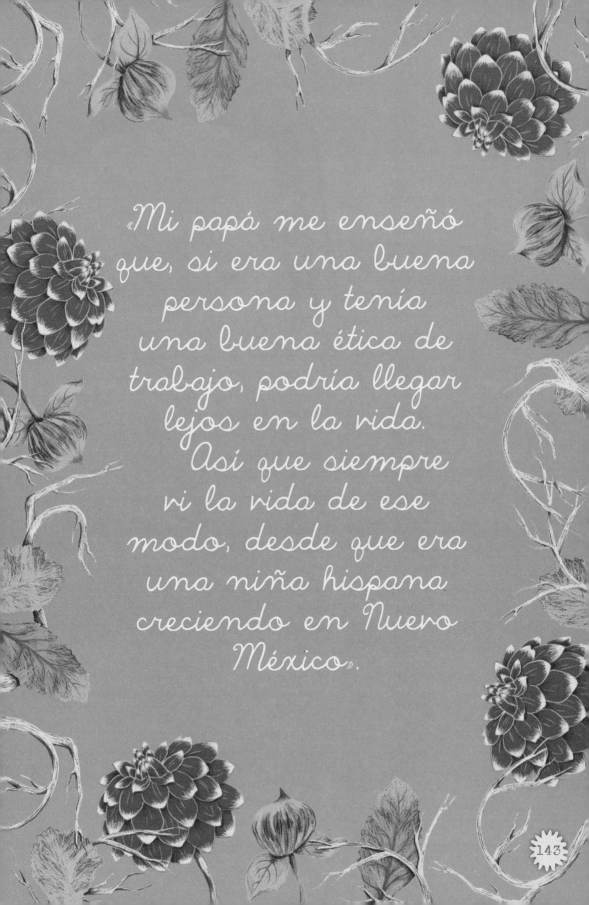

«Mi papá me enseñó
que, si era una buena
persona y tenía
una buena ética de
trabajo, podría llegar
lejos en la vida.
Así que siempre
vi la vida de ese
modo, desde que era
una niña hispana
creciendo en Nuevo
México».

Julio Urías

BEISBOLISTA

(Culiacán, Sinaloa, 12 de agosto de 1996)

Julio no recuerda cuándo tomó por primera vez una pelota de beisbol en sus manos, pero sabe que desde que comenzó a caminar lo único que quería era jugar a aventarla y cacharla con su padre, quien amaba ese deporte. De hecho, ¡toda la familia de Julio amaba el beisbol! Así que cuando a los cinco años le dijo a su papá que quería jugar en un equipo, todos estaban felices. Julio era muy bueno, pero no todo era sencillo. Nació con un tumor benigno en el ojo izquierdo, que crecía conforme él lo hacía.

Su padre le enseñó que tener ese tumor no debía frenar sus sueños, sin embargo, otros niños lo molestaban y le decían que jamás podría llegar a ser beisbolista profesional, su sueño de vida. Pero ni las tres operaciones para quitarle el tumor detuvieron las ganas y el talento de Julio para jugar a la pelota. Hasta que un día, cuando tenía 15 años, un reclutador del equipo de los Dodgers de Los Ángeles que había viajado a México lo vio jugar. Por supuesto, no dudó en contratarlo.

Así, a los 16 años debutó en las Ligas Menores de Estados Unidos, y a los 19 en las Ligas Mayores como pitcher abridor para los Dodgers. Esto lo convirtió en el pitcher debutante más joven en más de 70 años. Para Julio era su sueño hecho realidad: «Todo pelotero sueña con llegar a las Grandes Ligas, y llegar a Los Ángeles y ver a tantos aficionados latinos y mexicanos es casi como estar en casa», confiesa.

En 2020 se convirtió en parte del equipo estelar que le dio a los Dodgers el campeonato mundial después de 32 años de espera.

El beisbol, como todo deporte en equipo, tiene diferentes posiciones con funciones específicas. Hay jugadores ofensivos, quienes tienen que anotar las carreras, y defensivos, que deben evitar que el equipo contrario logre acumular puntos.

¿Puedes unir el nombre de los jugadores defensivos con su función?

( ) JARDINERO DERECHO   ( ) JARDINERO IZQUIERDO   ( ) JARDINERO CENTRAL

( ) TERCERA BASE   ( ) SHORTSTOP   ( ) PRIMERA BASE

( ) CATCHER   ( ) SEGUNDA BASE   ( ) PITCHER

(1) Es el encargado de lanzar la pelota desde el montículo hacia home, con el fin de sacar al bateador de la jugada.

(2) Está ubicado detrás del bateador en home; su función es recibir los lanzamientos del pitcher. Además, al ser observador de lo que sucede en el campo, puede dar aviso de posibles fugas peligrosas de los oponentes.

(3) Se le conoce también como inicialista y está ubicado en la primera base. Su tarea es atrapar la pelota y tocar la almohadilla con ella antes de que el corredor lo haga para poncharlo (hacer un out) y sacarlo de la jugada.

(4) Busca atrapar los batazos y, al igual que el primera base, debe tocar la almohadilla o al corredor para poncharlo (hacer un out) y sacarlo de la jugada.

(5) También llamado antesalista, es el encargado de atrapar batazos para completar un out.

(6) Jugador veloz que se ubica entre la segunda y tercera bases, y se encarga de cubrir esa zona para atrapar la pelota y lograr un out, o lanzarla y evitar que el jugador llegue a una base.

(7) Atrapa los batazos que llegan en su dirección y, de ser necesario, regresa la pelota al cuadro para evitar que los corredores avancen.

(8) Atrapa los batazos elevados y, de ser necesario, regresa la pelota al cuadro para evitar que los corredores avancen.

(9) Atrapa los batazos que llegan en su dirección y, de ser necesario, regresa la pelota al cuadro para evitar que los corredores avancen.

¡UBICA A LOS JUGADORES EN EL DIAMANTE!

1. Pitcher 2. Catcher 3. Primera base 4. Segunda base
5. Tercera base 6. Shortstop 7. Jardinero izquierdo
8. Jardinero central 9. Jardinero derecho

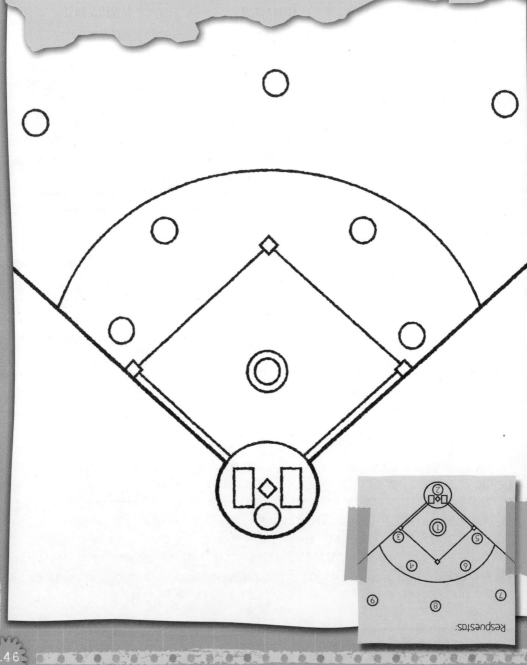

Respuestas:

«Así es como funciona, Dios me dio un ojo izquierdo malo, pero un brazo izquierdo bueno».

Extesorera de Estados Unidos

(Ciudad de México, 4 de abril de 1958)

Cuando Rosario salió de México hacia Estados Unidos a la edad de 14 años no sabía hablar inglés y extrañaba a sus amigos. Sin embargo, la situación económica de su familia no dejaba mucha alternativa: había que migrar para buscar una mejor vida.

Muy pronto, Rosario se dio cuenta de que, si quería estudiar y superarse, tenía que aprender inglés... ¡y hacerlo rápido! Así que se puso las pilas, como ella misma lo cuenta, y en poco tiempo ya dominaba el idioma.

Rosario quería seguir estudiando, pero en ese entonces las cosas no eran tan sencillas para muchas mujeres latinas: la mayoría de las familias pensaban que era más importante que los varones se siguieran preparando. Ese fue el caso de Rosario, quien tuvo que trabajar por las mañanas y estudiar por las noches. A pesar de la complicada situación, ella perseveró y logró graduarse y trabajar en un banco.

Después de que su hijo Eric naciera con síndrome de Down, Rosario dejó su trabajo en el banco y la vida que hasta entonces conocía, y fundó la primera organización de apoyo a familias latinas con hijos con esa condición. Además, poco a poco fue involucrándose en la política hasta que, en agosto de 2001, el presidente George W. Bush la nombró tesorera de Estados Unidos. Con ello se convirtió en la única mujer nacida fuera de Estados Unidos en obtener ese cargo tan importante.

Uno de los mayores logros de Rosario al frente del Tesoro fue trabajar para que las remesas —es decir, el dinero que ganan los migrantes mexicanos y que se envía a sus familias en México— pudieran llegar de forma más rápida y menos costosa para el bien de millones de familias mexicanas.

«Una no llega al éxito
en el suelo. Una llega al
éxito levantándose
y peleando».

En el mundo hay diferentes divisas, es decir, monedas. Algunas de ellas tienen nombres muy curiosos, otras son más cotizadas o muy peculiares. ¿Puedes identificar el origen de las siguientes en el mapa?

○ EE. UU.

○ MÉXICO

○ HAITÍ

○ GUATEMALA

○ PERÚ

○ BRASIL

○ PARAGUAY

1. PESO
2. DÓLAR ESTADOUNIDENSE
3. WON
4. NAIRA
5. REAL

6. DÍRHAM
7. GOURDE
8. YUAN
9. QUETZAL

10. YEN
11. LIBRA
12. GUARANÍ
13. SOL

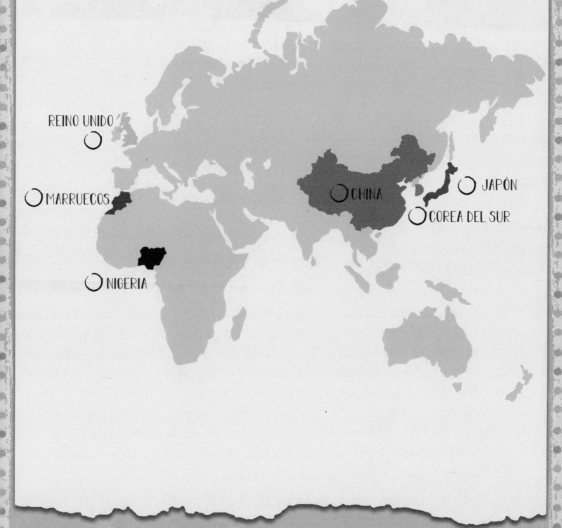

REINO UNIDO ⭘

⭘MARRUECOS

⭘ CHINA

⭘ JAPÓN

⭘ COREA DEL SUR

⭘ NIGERIA

Manuel Cuevas

Diseñador de modas

(Coalcomán, Michoacán, 23 de abril de 1933)

A los siete años Manuel ya había aprendido a coser. Como él mismo recuerda con frecuencia, un día se sentó frente a la máquina de coser para ayudar a su hermano Adolfo a hacer ropa y nunca más se levantó de ahí.

A los 13 años descubrió que podía crear y coser hermosos vestidos de quinceañera. Hizo uno y después otro, y al cabo de un año había hecho ¡más de 70! Era todo un éxito entre las chicas de Coalcomán y sus alrededores. Tanto así que comenzó a contratar gente para que lo ayudara con todos los pedidos.

Sin embargo, a los 18 años emigró a Los Ángeles. Manuel no buscaba trabajo, quería aprender más y «expandir sus ideas», como él mismo recuerda. En poco tiempo comenzó a trabajar para casas de diseño de Hollywood, haciendo trajes a la medida para algunas de las celebridades más importantes de la época, como el cantante Frank Sinatra.

A pesar de que era un buen trabajo, Manuel sabía que tenía mucho más que ofrecer. Quería crear trajes y vestuarios vistosos, coloridos, creativos y originales. Para lograrlo, aprendió muchas técnicas de costura y buscó siempre crear modelos únicos que representaran fielmente el estilo de cada uno de sus clientes. Con esta filosofía, se convirtió en uno de los diseñadores más cotizados y buscados de todo el mundo. Sus diseños han sido usados por artistas como Elvis Presley, los Beatles, Johnny Cash, los Rolling Stones, Elton John, Janis Joplin, John Lennon, Raquel Welch y muchos, muchos más. Manuel confeccionó incluso la famosa máscara que usó el Llanero Solitario en sus películas.

A la fecha, se levanta temprano todos los días para ir a trabajar. «Mi taller es mi templo, mi mundo, mi galaxia. Mi vida ha sido fantástica; suena más a una vida de fantasía que a una realidad, pero así ha sido», dice Manuel con una gran sonrisa.

«Con la misma cinta
que mides tu sueño,
mide tu trabajo.
Eso te lleva a algún lado».

Manuel necesita tu ayuda para diseñar el nuevo vestuario que la última estrella de Hollywood llevará en la alfombra roja. Elige el color, si llevará algún bordado o estampado; decide si lo acompañará algún accesorio, como un sombrero, lentes o unas botas. Puedes utilizar colores, crayones, recortes, diamantina, hilos y todo lo que tengas a la mano para darle vida al diseño que tienes en mente.

ESTOS SON ALGUNOS DISEÑOS DE MANUEL PARA QUE TE INSPIRES.

SANDRA CISNEROS

ESCRITORA
(Chicago, Illinois, 20 de diciembre de 1954)

Cuando era niña, Sandra y su familia viajaban mucho entre México y Estados Unidos. Ella era, además, la única mujer en una familia de seis hermanos varones. Estas experiencias la hacían sentir de alguna forma aislada, diferente de los otros niños, «siempre cruzando los dos países, pero sin pertenecer a ninguna de las dos culturas». Ella asegura que esa fue la clave para encontrar su propia voz y el amor a las palabras: lo que la hacía distinta, la hacía única.

Comenzó a escribir y a experimentar con su voz. Uno de los temas que más le interesaba entender por medio de su escritura era la identidad: no era mexicana, tampoco estadounidense, y no le gustaba que desde afuera la etiquetaran como «hispana». Para Sandra, cada persona es quien es y cada persona debe buscar y definir su identidad. Ella no solo busca definirse a sí misma a través de las palabras, también ha ayudado a muchas otras personas, en su mayoría jóvenes, a hacerlo. Por ello, ha trabajado como maestra, consejera y dando talleres de arte y escritura.

Sandra considera de suma importancia valorar las aportaciones de los latinos en la vida de Estados Unidos. Los latinos, ha dicho la escritora, «nos dan un enorme sentido de respeto por la familia y las personas mayores; tienen una gran ética de trabajo y son todo menos flojos».

La casa en Mango Street, su novela más conocida, la convirtió en la primera escritora mexicoamericana en haber sido publicada a gran escala. Hoy, el libro es una referencia de la literatura chicana; se ha traducido a más de 20 idiomas y ha sido leída por millones de personas alrededor del mundo.

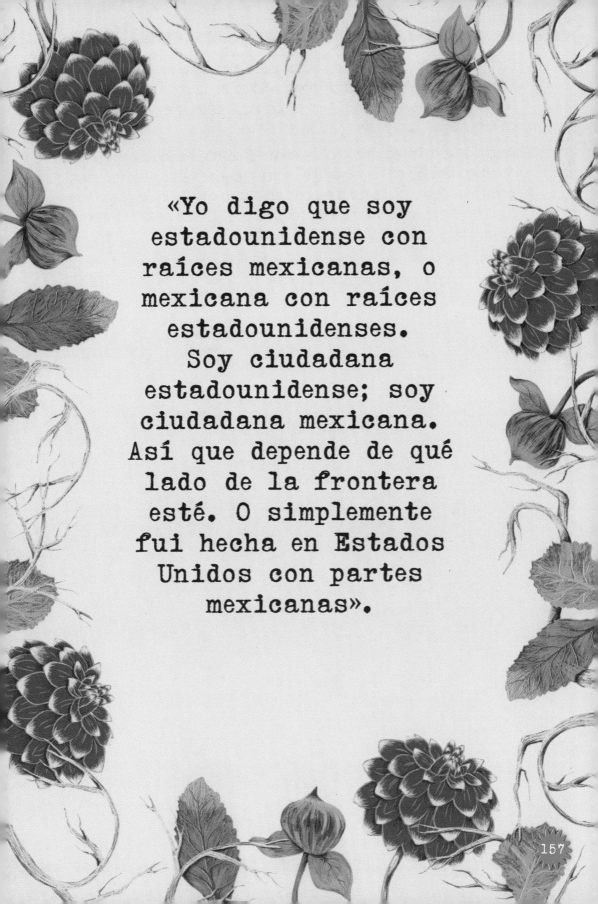

«Yo digo que soy estadounidense con raíces mexicanas, o mexicana con raíces estadounidenses. Soy ciudadana estadounidense; soy ciudadana mexicana. Así que depende de qué lado de la frontera esté. O simplemente fui hecha en Estados Unidos con partes mexicanas».

Una de las preocupaciones de Sandra es tener un lugar donde pertenecer, uno al que pueda llamar hogar. ¿Cómo es tu hogar? ¿Quiénes lo habitan? ¿Dónde se ubica? ¿Cuáles son los sueños que se construyen en él?

Responde estas preguntas con un collage. El collage es una técnica pictórica que consiste en combinar diferentes imágenes, dibujos y recortes, y pegarlos sobre un lienzo o espacio en blanco con el fin de crear una superficie nueva. Solo necesitas revistas que puedas recortar, tijeras, pegamento y papel.

MARK GONZALES

Skater y artista
(SOUTH GATE, CALIFORNIA,
1° DE JUNIO DE 1968)

Gonz se subió a una patineta por primera vez a los 13 años. Le encantaba la libertad que sentía al patinar y comenzó a inventar y practicar por horas y horas diferentes formas de andar, saltar y esquivar obstáculos. Un día, a los 16 años, Gonz fue a la zona de El Embarcadero, en la ciudad de San Francisco. Ahí, mientras experimentaba con su tabla frente a otros patinadores, causó una verdadera conmoción con su forma de patinar: se elevaba por los aires como si la tabla estuviera pegada a sus pies, giraba y caía sin problemas en el pavimento. Desde entonces, todos los *skaters* del mundo comenzaron a referirse a su salto como el «Gonz gap».

Su forma de patinar por las calles era algo nunca antes visto: saltaba escaleras, esquivaba paredes y banquetas, giraba la patineta y, por primera vez en la historia del deporte, patinaba sobre los pasamanos de las escaleras. Cuando le preguntan a Gonz qué es lo que más le gusta de patinar, responde divertido: «Mucho tiene que ver con la emoción, eso que te hace sentir vivo en el momento justo y que hace que quieras seguir haciéndolo».

En 2011 la revista *Transworld Skateboarding* lo nombró «el *skater* más influyente de la historia»; también forma parte del Salón de la Fama del Skate. Además de la patineta, Gonz dedica ahora gran parte de su tiempo al arte y es considerado un exitoso artista. Sus obras están en algunas de las galerías más importantes del mundo.

¿Sabías que andar en patineta antes se llamaba «surf de banqueta»? El término proviene de Hawái, en donde se originó el deporte del surf en el mar, y es que, si te fijas bien, la patineta es como una minitabla para surfear con ruedas. Esa es una de las muchas cosas que Gonz aprendió sobre los inicios del *skate*.

Gonz también es artista y confiesa que en la madrugada, cuando todo el mundo duerme, es el momento en el que se siente más creativo. ¡Ayúdalo a diseñar una patineta para su última colección!

Realiza una breve investigación sobre cómo ha evolucionado este deporte. ¿Dónde se originó? ¿Qué materiales se utilizaban para fabricar las patinetas? ¿Cuándo empezó a practicar Gonz? ¿Quiénes crearon las maniobras más populares? Te dejamos algunos puntos para que puedas guiarte.

1978: Alan «Ollie» Gelfand inventa el *ollie:* un truco en e cual, con ayuda del deslizamiento de ambos pies, tanto el *skater* como la patineta saltan en el aire sin separarse.

1940: En California los surfistas idean una manera de practicar surf en los días sin olas.

1940   1950   1960   1970

1976: Primera edición de la competencia The California Free Former World Professional Skateboard Championships.

2011: Gonz es nombrado el patinador más influyente de la historia por la revista *Transworld Skateboarding*.

1990　　2000　　2010　　2020

2004: Se establece el 21 de junio como el Día Mundial del Skate.

3 de agosto 2016: incorporación del *skateboarding* como deporte olímpico.

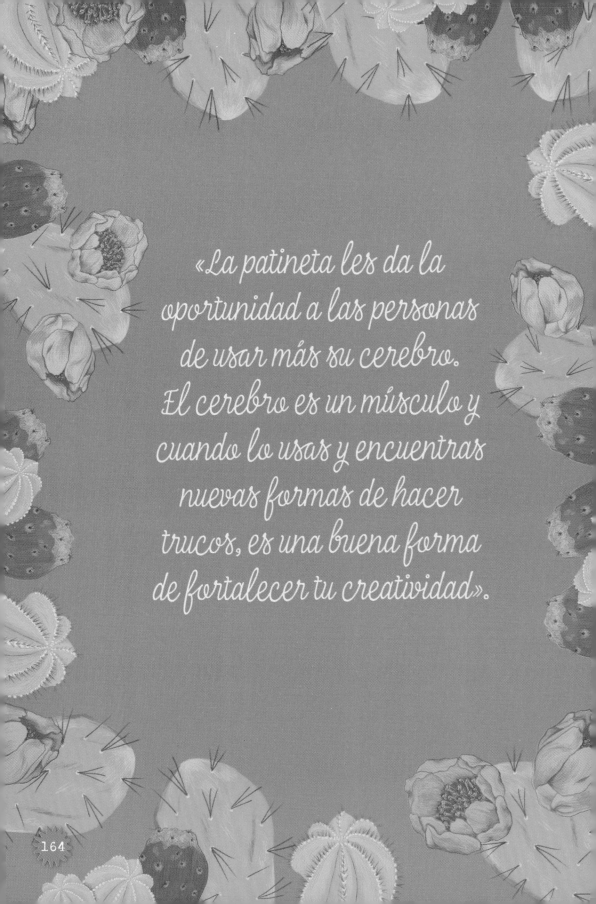

«La patineta les da la oportunidad a las personas de usar más su cerebro. El cerebro es un músculo y cuando lo usas y encuentras nuevas formas de hacer trucos, es una buena forma de fortalecer tu creatividad».

Cantante
(Lake Jackson, Texas, 16 de abril de 1971 – Corpus Christi, Texas, 31 de marzo de 1995)

No había reunión familiar en la que Selena y sus hermanos A. B. y Suzette no cantaran y tocaran sus instrumentos. Tenían tal talento —sobre todo Selena, quien era la más chica de los tres— que su padre decidió formar una banda, ¡una verdadera banda musical!, a la que llamó Selena y Los Dinos. Al inicio tocaban en el restaurante de su familia; pronto comenzaron a tener mucho éxito interpretando canciones estilo tex-mex, por lo cual los contrataban con frecuencia para ferias, fiestas y todo tipo de eventos. Para viajar y salir de gira, la familia compró un camión medio destartalado que arreglaron y bautizaron como *Big Bertha*.

Selena no hablaba español, pero su papá la convenció de que cantara en ese idioma; fue justamente en español que grabó su primer disco en 1984, ¡a los 13 años! Tenía un estilo bastante original y una chispa muy especial cuando subía al escenario; era una verdadera estrella.

Unos años después se convirtió en la primera latina en firmar un contrato con una de las compañías de discos más importantes del mundo; sus canciones estaban en los primeros lugares de las listas de popularidad, vendía millones de discos por todo el mundo y además ganó un Grammy en 1994.

Selena, a quien ya se le conocía como la Reina del Tex-mex, logró hacer realidad dos de sus sueños en 1995: grabar un disco en inglés y abrir dos tiendas con sus propios diseños de ropa. El domingo 26 de febrero del mismo año Selena dio el que sería su último concierto en el estadio de los Astros de Houston, frente a más de 61 mil espectadores. Menos de un mes después murió a causa de un disparo.

Selena, además de ser la Reina del Tex-mex, era una visionaria para las tendencias de la moda. Sus atuendos causaron sensación y, de hecho, en 1992 ¡lanzó una línea de ropa!

¿Cuál es tu *look* favorito para poner a tu público a bailar? Colorea las piezas, recórtalas y viste a tu modelo.

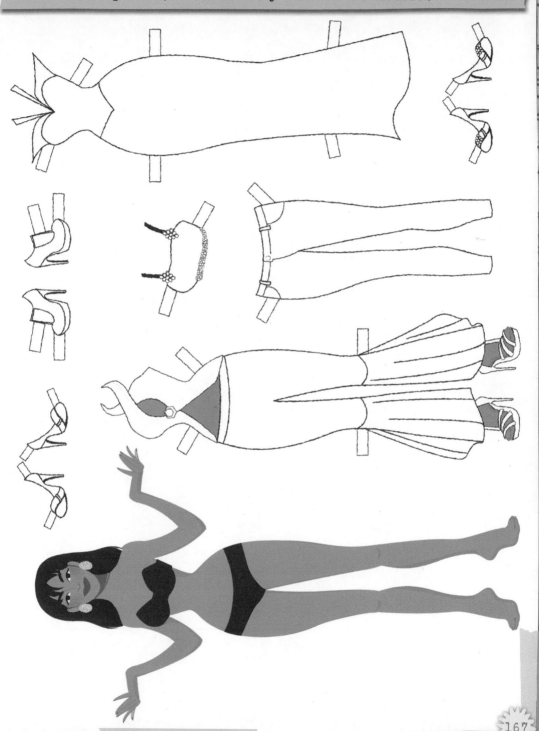

Si decidieras formar una banda, ¿con quién lo harías? ¿Sería una banda familiar? ¿Tus amigas o amigos serían los integrantes? ¿Qué tipo de música tocarían? ¿Cómo se llamarían? ¡Planea todo para su debut con estas preguntas!

NOMBRE DE LA BANDA: _

GÉNERO MUSICAL: _

INTEGRANTE 1: _

¿QUÉ INSTRUMENTO TOCARÍA? _ _ _ _ _ _ _ _ _ _ _ _ _ _ _ _ _ _ _

INTEGRANTE 2: _

¿QUÉ INSTRUMENTO TOCARÍA? _ _ _ _ _ _ _ _ _ _ _ _ _ _ _ _ _ _ _

INTEGRANTE 3: _

¿QUÉ INSTRUMENTO TOCARÍA? _ _ _ _ _ _ _ _ _ _ _ _ _ _ _ _ _ _ _

INTEGRANTE 4: _

¿QUÉ INSTRUMENTO TOCARÍA? _ _ _ _ _ _ _ _ _ _ _ _ _ _ _ _ _ _ _

ESCENARIO EN EL QUE LES GUSTARÍA DEBUTAR: _ _ _ _ _ _ _ _ _ _ _ _

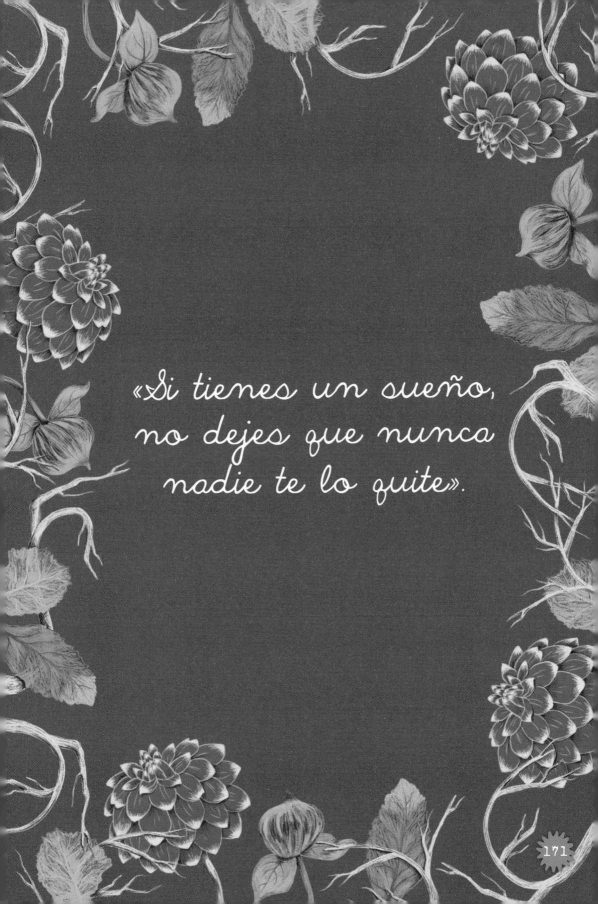

«Si tienes un sueño,
no dejes que nunca
nadie te lo quite».

OCTAVIANO LARRAZOLO
PRIMER SENADOR HISPANO
EN ESTADOS UNIDOS

(Allende, Chihuahua,
7 de diciembre de 1859 –
Albuquerque, Nuevo México,
7 de abril de 1930)

Octaviano se fue a vivir a Tucson, Arizona, cuando tenía 11 años. En México había tenido una vida tranquila y cómoda hasta que su familia fue perseguida y acosada por apoyar al presidente Benito Juárez y manifestarse en contra de la ocupación francesa en el país. Sin mucho dinero, Octaviano en Estados Unidos logró completar su educación, a la vez que trabajaba en distintas ocupaciones para mantenerse, desde vender zapatos hasta dar clases.

Sin embargo, Octaviano quería más; tenía grandes sueños, así que, tras graduarse a los 18 años, decidió estudiar Leyes. Enseñaba de día y estudiaba de noche. Aunado a ello, se convirtió en ciudadano estadounidense el 11 de diciembre de 1884, con el objetivo de empezar a preparar su carrera en la política. Obtuvo su primer puesto en el invierno de 1886 como pasante en la Corte de Distrito de El Paso, Texas. Tiempo después se mudó a Nuevo México.

Octaviano se construyó una fama de buen orador, capaz de transmitir con fuerza mensajes importantes relacionados con la defensa de los derechos civiles de los hispanos en el sur de Estados Unidos. Para muchos, Octaviano era un provocador; sin embargo, él solo luchaba para que las personas de origen hispano tuvieran un trato equitativo y sin discriminación en su propia tierra. En 1918 se le eligió como gobernador de Nuevo México; durante su mandato apoyó el movimiento por el derecho al voto de las mujeres y la educación bilingüe de niñas y niños. En 1928 ganó las elecciones para representar a su estado como senador en el Congreso de Estados Unidos, de este modo se convirtió en el primer hispano nacido en México en hacerlo.

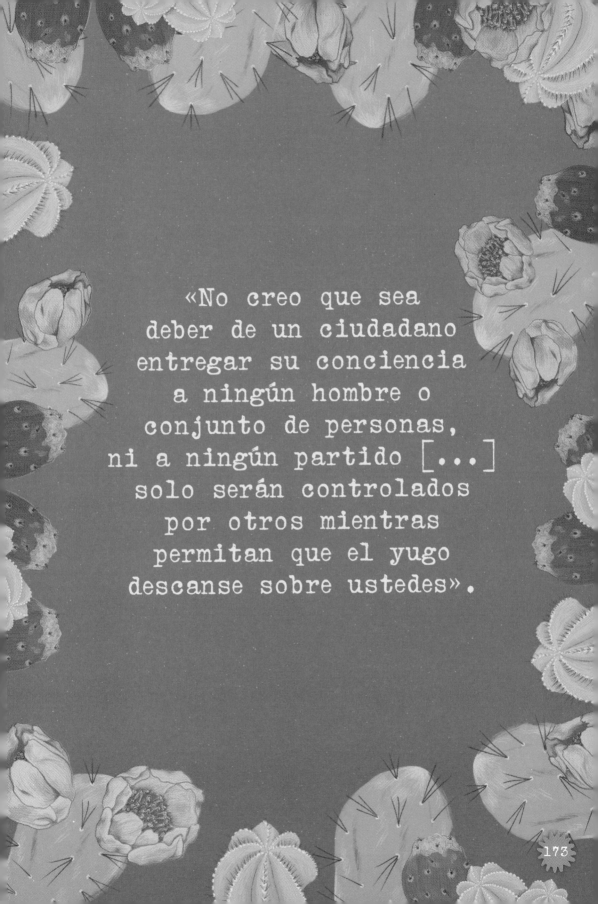

«No creo que sea
deber de un ciudadano
entregar su conciencia
a ningún hombre o
conjunto de personas,
ni a ningún partido [...]
solo serán controlados
por otros mientras
permitan que el yugo
descanse sobre ustedes».

¿Hay algo que sueñes hacer para mejorar tu comunidad? Octaviano luchó para que las personas de origen hispanoamericano fueran tratadas con el mismo respeto y tuvieran los mismos derechos que las estadounidenses. El cambio no fue fácil, desde luego, pero él no se rindió.

Ahora traza la ruta que tiene tu sueño; ve marcando qué objetivos te ayudarán a cumplirlo, como estudiar o aprender algo, dominar una habilidad (como Octaviano lo hacía con la oratoria) o conocer otro lugar.

SALIDA

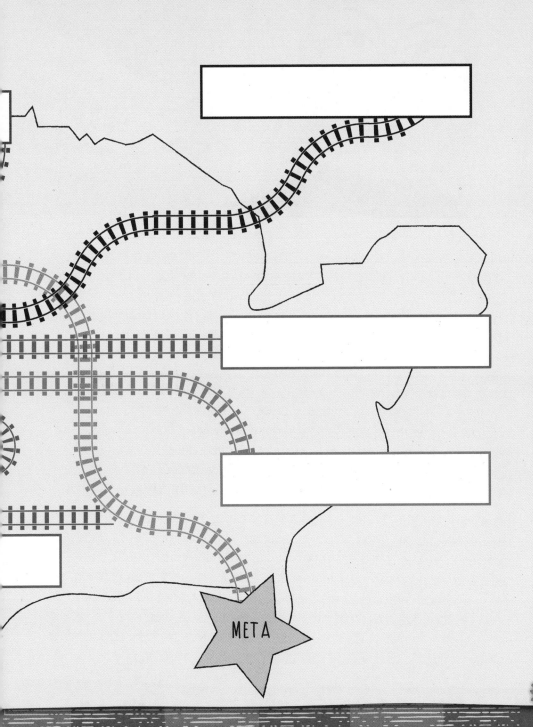

META

De niña no había cosa que le gustara más a Claudia que cantar y bailar. Al hacerlo se sentía libre y feliz. «No recuerdo una sola fiesta familiar en la que no me dijeran que cantara mariachi», relata Snow, y agrega: «¡Así se me fue quitando la pena de actuar en público!». Con su papá, que escribía y cantaba música para mariachi, se presentaba en autobuses, mercados o donde se pudiera. Su familia y ella estaban orgullosos de su cultura y sus raíces mexicanas, y la música formaba una parte importante de sus días.

Con el tiempo, Snow comenzó a escuchar hip hop y a practicar el *freestyle*, una forma de improvisar ritmos y palabras para hacer música. De este modo se dio cuenta de que no solo le gustaba mucho hacerlo, sino que además ¡era realmente buena! Así que a los 19 años decidió dejar la escuela para dedicarse a hacer música e inicialmente adoptó el nombre de Snow White (Blanca Nieves), como uno de sus personajes favoritos de Disney.

Snow es conocida por un estilo rápido y poderoso de cantar y crear su música. Además, su trabajo refleja siempre su orgullo por tener un origen mexicano. Pero, más allá de su música, también dedica parte de su tiempo a alzar la voz para defender los derechos de los migrantes en Estados Unidos y a luchar contra algunos de los estereotipos que se tienen de ellos. Snow declara que «mientras más cosas negativas se digan de los mexicanos, nosotros tenemos que responder con nuestras propias afirmaciones positivas: trabajo muy duro y muy bien porque soy mexicana».

El *freestyle* es un estilo de rapeo que se basa en la improvisación. En las competencias de *freestyle* se valoran factores como la originalidad, la capacidad de adaptarse a la melodía sobre la que rapean, la confianza y el *punchline*, que es la frase final.

¿Quieres intentarlo? Elige un tema sobre el que quieras hablar, como el día a día, tus amistades, o una cualidad tuya que te guste. Por ejemplo, Snow tiene una canción llamada «Bilingüe», en la cual habla sobre tener una identidad doble: mexicana y estadounidense.

A continuación encontrarás una estrofa de ejemplo:

A mí me dijo mi madre (Ja, ja)
Que yo nunca me raje
Que no hable el que no sabe
Nosotros somos de calle
Hasta en mi territorio yo traigo llave y se abre
Lo que quiero yo tengo (Ja)
Ah, punto y aparte

Como un pequeño tip para la hora de componer, recuerda que en español hay dos tipos de rimas:

1. Consonante: ocurre cuando el sonido final de los versos coincide en vocales y consonantes. Las palabras *corazón* y *melón* serían un ejemplo de este tipo de rima, porque se repiten tanto la vocal como la consonante del sonido **-ón**.

2. Asonante: se da cuando los sonidos vocálicos coinciden al final de los versos. Por ejemplo, en los versos de la estrofa de Snow se repiten las vocales **a** y **e**: *madre*, *raje*, *sabe* y *calle*. Sin embargo, las consonantes son distintas.

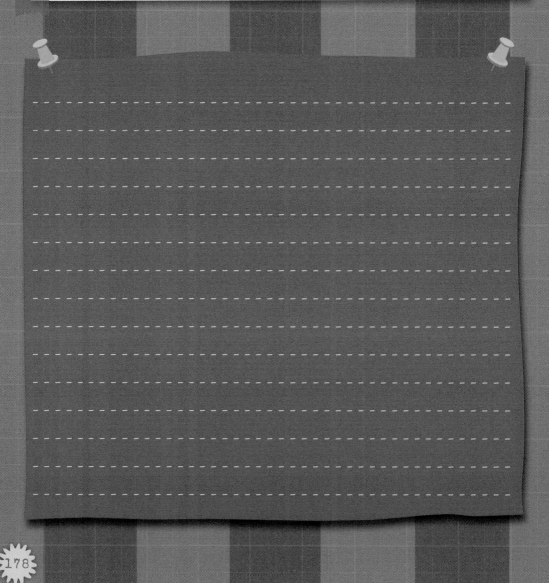

«Los migrantes
muchas veces no se sienten
seguros para levantar
la voz y defender
sus derechos,
pero sus hijos podemos
hacerlo por ellos».

OSCAR DE LA HOYA

Boxeador y campeón olímpico
(Los Ángeles, California, 4 de febrero de 1973)

Oscar se puso un par de guantes de box por primera vez a los siete años. Se sentía fuerte —¡indestructible!— y comenzó a practicar el deporte de la mano de su padre. Él vivía en una casa muy pequeña y humilde en el este de Los Ángeles, y para ir al gimnasio a entrenar todos los días pasaba por uno de los vecindarios más ricos de la ciudad. Oscar imaginaba que algún día sería tan buen boxeador que podría comprarles a sus papás y hermanos una hermosa casa en ese lugar.

Una de sus más grandes metas era competir por su país en los Juegos Olímpicos. Tanta era su ilusión que a los 12 años solía firmar: «Oscar de la Hoya, campeón olímpico». La muerte de su madre a causa del cáncer fue la situación con la que años más tarde encontraría el empuje necesario para volver realidad su sueño. «Si ella viviera, querría que yo subiera al ring y ganara la medalla de oro», reflexionó, por lo que trabajó muy duro para ello. Fue en los Juegos Olímpicos de Barcelona, en 1992, donde finalmente ganó el primer lugar. Siempre ha dicho que ese fue el mejor momento —¡y el más emocionante!— de toda su carrera boxística. Desde entonces se le conoce como el Muchacho de Oro.

Después de los Juegos de Barcelona pensó en dejar el deporte. Sin embargo, estaba destinado a una exitosa carrera como profesional. Entre 1994 y 2007 Oscar fue campeón mundial en 10 ocasiones en seis divisiones distintas, algo que no había logrado nunca ningún otro boxeador estadounidense.

Ya retirado del boxeo profesional, se dedica a formar y representar a boxeadores, además de promover el deporte entre niñas y niños de zonas desfavorecidas. En 2014 fue incluido en el Salón de la Fama Internacional del Boxeo.

El boxeo es un deporte que necesita agilidad y resistencia.
¡Pongamos a prueba tus habilidades! Este es un reto semanal
para mejorar tu condición; durante seis días vas a trotar
y saltar la cuerda por diez minutos. El séptimo día estará
dedicado al descanso. No te preocupes si al inicio no logras
hacer todo o tienes que tomar recesos, es más importante
escuchar lo que tu cuerpo pide. Recuerda que antes de comenzar debes calentar bien piernas, brazos y articulaciones
para que no te lastimes. Anota en la bitácora tus resultados del día y cómo te sientes al terminar cada ejercicio.

	DÍA 1	DÍA 2	DÍA 3	DÍA 4	DÍA 5	DÍA 6
TROTAR						
SALTAR CUERDA						

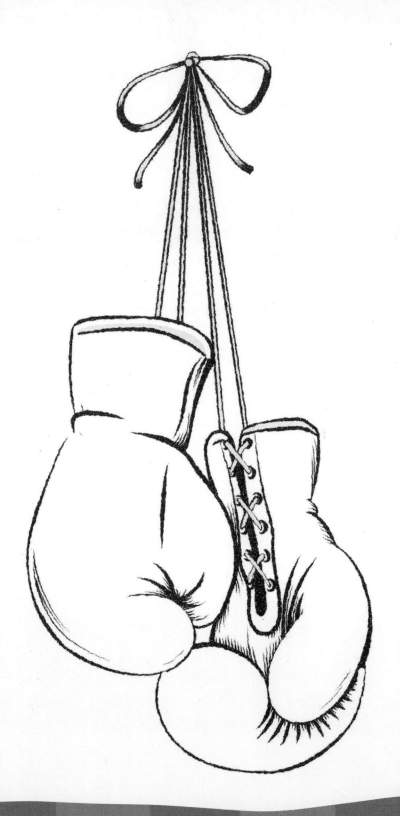

«Siempre que caí
me levanté con
la mano en alto».

SOPHIE CRUZ

ACTIVISTA
(LOS ÁNGELES, CALIFORNIA, 17 DE DICIEMBRE DE 2010)

Todo comenzó el 23 de septiembre de 2015, cuando Sophie, que entonces tenía solo cuatro años, logró esquivar la fuerte seguridad del papa Francisco durante su gira por Estados Unidos; su objetivo era entregarle una carta en la que le contaba sobre su miedo a que sus padres, indocumentados originarios de Oaxaca, pudieran ser deportados. «Mi padre trabaja muchísimo en una fábrica de metales. Los inmigrantes como mi papá alimentan a este país. Por eso merecen vivir con dignidad, merecen ser respetados y merecen una reforma migratoria», escribió Sophie. Al día siguiente el papa Francisco retomó las ideas de Sophie para dirigir su mensaje frente a miembros del Congreso de Estados Unidos.

A partir de ese momento, Sophie se dio cuenta de que, aunque fuera «solo» una niña, su voz era importante y necesaria para que cada vez más personas supieran sobre la realidad de muchísimos niños que, debido a las leyes migratorias, podrían ser separados de sus padres. Sophie se ha reunido con algunos de los líderes más importantes del país, desde el expresidente Obama hasta los jueces de la Suprema Corte de Justicia, pasando por cientos de congresistas y políticos locales. Su objetivo es siempre el mismo: hablar sobre su familia y las familias de migrantes indocumentados en Estados Unidos, y su derecho a vivir juntos y sin miedo.

En muy poco tiempo Sophie se ha convertido en un ejemplo de valor y activismo. Su trabajo ha inspirado a muchas personas a continuar la lucha por los derechos de los inmigrantes indocumentados y de sus hijos en Estados Unidos.

LA SANTA CECILIA, UNA BANDA MEXICOAMERICANA, TIENE UNA CANCIÓN QUE HABLA SOBRE ALGUNOS DE LOS MIEDOS QUE TIENEN LOS INMIGRANTES EN ESTADOS UNIDOS. LA CANCIÓN SE LLAMA «ICE EL HIELO», ESCÚCHALA Y PLATICA CON LAS PERSONAS QUE VIVEN EN TU CASA QUÉ TE HACE SENTIR.

La migración es un tema que ha estado en la literatura desde hace mucho tiempo porque, desde siempre, los humanos hemos buscado lugares que nos permitan crecer y nos garanticen una vida mejor. También hay libros que hablan sobre la situación de las niñas y los niños que migran. Si te interesa leer alguno, te compartimos esta lista: *Migrar* (José Manuel Mateo), *Puerto Libre. Historias de migrantes* (Ana Romero), *Papá está en la Atlántida* (Javier Malpica), *Emigrantes* (Shaun Tan), Méxique. *El nombre del barco* (María José Ferrada) y *La noche más noche* (Sergio Andricaín).

En la carta que le dio al papa Francisco, Sophie señalaba que ella y todos los niños tienen derecho a vivir junto a sus padres y a ser felices. En este caso, tanto México como Estados Unidos tienen la responsabilidad de garantizar que esto suceda. ¿Qué otros derechos consideras fundamentales para la niñez? Escríbelos en la lista.

DERECHOS DE LA NIÑEZ

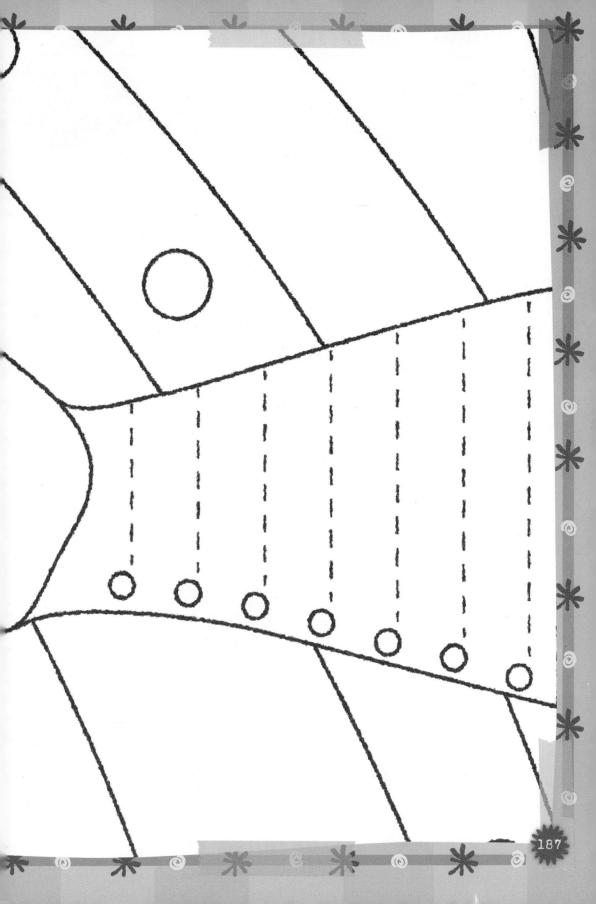

«Estamos aquí juntos haciendo una cadena de amor para proteger a nuestras familias. Luchemos con amor, fe y valor para que nuestras familias no sean destruidas».

189

Patrociño Barela

ESCULTOR EN MADERA
(Bisbee, Arizona, 14 de octubre
de 1902 - Taos, Nuevo México,
24 de octubre de 1964)

Tallar figuras en madera era la forma en que Patrociño dejaba atrás un pesado día de trabajo en el campo, ya fuese cuidando ganado o recolectando frutas y verduras. Le gustaba hacer figuras religiosas, pero también de animales, personas trabajando o haciendo sus actividades diarias. Su hijo Luis recuerda que su papá elegía una pieza de madera de cedro y de inmediato se enfocaba en lo que iba a hacer: «Miraba el pedazo de madera y sabía. Si hacía una pieza con 23 rostros, me podía decir exactamente la historia de cada uno de ellos. Su trabajo tenía un significado, tenía una historia».

Fue en 1935 cuando su trabajo artístico llamó la atención de un funcionario encargado de promover el arte en Nuevo México, quien lo ayudó a que pudiera dedicarse cien por ciento a esculpir en madera. Solo un año después, algunas de sus piezas fueron seleccionadas para una exposición en el Museo de Arte Moderno en Nueva York. El trabajo de Patrociño conquistó al público y la prestigiosa revista *Time* lo llamó «el descubrimiento del año».

Un día, una persona se burló de que Patrociño trabajaba la madera con muy pocas herramientas. «¿Sabes qué? Las otras herramientas que tengo, las tengo aquí», respondió, señalándose la cabeza con el dedo. «No necesito más herramientas; tengo todas las que necesito».

Hoy, el legado artístico de Patrociño continúa vivo gracias a su familia. Su hijo y algunos nietos y bisnietos tallan figuras de madera y buscan que se le valore como el talentoso y original escultor que fue.

La mayor herramienta de Patrociño a la hora de crear era su mente. Sus manos tallaban en madera todo lo que él ya había imaginado antes. Si tú hicieras esculturas, ¿qué otros materiales de la naturaleza utilizarías? ¿Qué herramientas necesitarías? Quizá podrías explorar con flores y hojas, o tal vez, incluso, tallar en piedras.

A continuación verás una receta para crear tu propia cerámica fría, con la cual podrás empezar tu camino como escultora o escultor desde casa. Te recomendamos hacerlo en compañía de un adulto.

NECESITARÁS:

- 1 TAZA DE MAICENA
- 3/4 DE TAZA DE PEGAMENTO BLANCO
- 1 CUCHARADITA DE ACEITE
- 1 CUCHARADITA DE VINAGRE
- ACEITE DE BEBÉ
- PINTURA ACRÍLICA O COLORANTE VEGETAL
- *TUPPER* O BOLSA RESELLABLE DE PLÁSTICO PARA GUARDAR LA MASA
- RECIPIENTE DE PLÁSTICO PARA MEZCLAR
- UNA CUCHARA PARA MEZCLAR

PASOS A SEGUIR:

1. En el recipiente de plástico agrega la maicena, el pegamento, el aceite y el vinagre. Mezcla todos los ingredientes de manera constante y uniforme. Si la mezcla queda muy aguada, puedes añadir otro poquito de maicena.

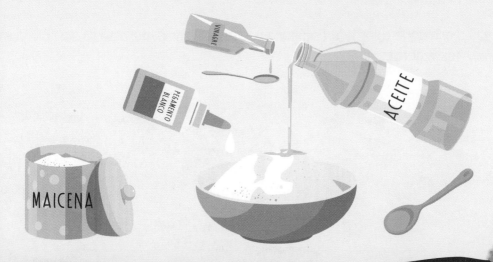

2. Una vez que la masa empiece a despegarse de los bordes, puedes seguir amasándola con las manos. Para ello, coloca un chorrito de aceite de bebé en tus palmas, así se deslizará mejor y evitarás que se pegue.

3. Sigue mezclando hasta conseguir que la masa tenga una superficie lisa y suave.

4. Coloca tu masa en un *tupper*, previamente engrasado con aceite para que no se seque. Déjala reposar durante 30 minutos en el refrigerador.

30 minutos

5. Cuando haya terminado el tiempo de espera, saca la masa y ¡es hora de moldear!

6. Para darle color a tu escultura puedes utilizar pintura acrílica o colorantes vegetales.

Tip: para guardar la porcelana fría que no utilices, primero enróllala bien en papel film y luego colócala otra vez en el *tupper*. Déjala en un lugar a temperatura ambiente.

Sylvia Mendez

ACTIVISTA POR LA EDUCACIÓN
(Santa Ana, California,
7 de junio de 1936)

Al terminar el verano de 1944 Sylvia fue con su tía a la escuela que le correspondía en Westminster, California, para inscribirse al nuevo ciclo escolar. La secretaria de la escuela les dijo que Sylvia y sus hermanos no podían tomar clases ahí, pues debían ir a la «escuela para mexicanos». Sylvia tenía solo ocho años y soñaba con ir a una escuela bonita en donde pudiera aprender. En las llamadas escuelas para mexicanos, a los niños los entrenaban para los trabajos del campo y a las niñas les enseñaban a bordar y hacer la limpieza.

En ese entonces, en California era común que se discriminara a la gente por su origen y color de piel. Cuando los padres de Sylvia se enteraron de lo que sucedió con sus hijos, estaban furiosos, así que decidieron actuar y demandaron a la ciudad de Westminster y a otros tres distritos escolares del condado de Orange, California, en donde vivían.

En una decisión que cambió la historia de Estados Unidos, el juez le dio la razón a la familia Mendez y prohibió la segregación por etnia de niños y niñas en las escuelas públicas de California. La decisión abrió el camino para que siete años después, en el caso Brown contra el Consejo de Educación, se prohibiera la discriminación escolar en todo Estados Unidos.

Sylvia pudo ir a la escuela, se convirtió en enfermera pediátrica y ha dedicado parte de su vida a contar su historia. En 2011 recibió de manos del presidente Barack Obama la Medalla Presidencial de la Libertad, el reconocimiento civil más alto que otorga el gobierno de Estados Unidos, por defender el derecho de todos los niños a recibir las mismas oportunidades educativas, sin importar su origen.

En la época en que Sylvia era niña, la segregación racial era muy fuerte y no un problema exclusivo de la población mexicana. Anuncios como «Solo servimos a blancos», «Prohibida la entrada a japoneses» o «Baños para gente de color» eran comunes. Sin embargo, los padres de Sylvia lucharon con valentía y determinación para que sus hijos obtuvieran la misma educación que los niños blancos. En 2007 este acontecimiento celebró su sexagésimo aniversario y fue conmemorado con una estampilla postal.

¿Cómo plasmarías tú este momento histórico? Diseña tu sello postal.

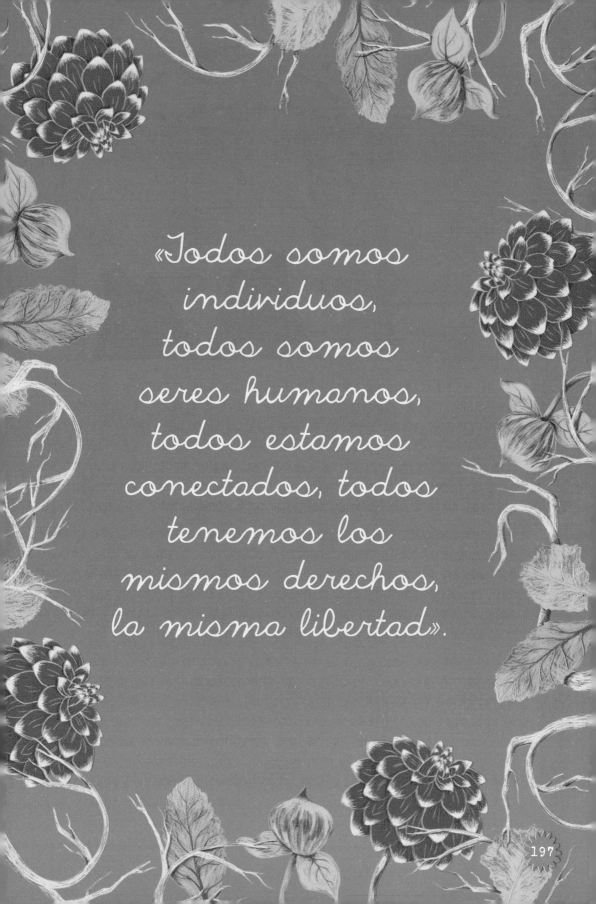

«Todos somos
individuos,
todos somos
seres humanos,
todos estamos
conectados, todos
tenemos los
mismos derechos,
la misma libertad».

ARTISTA E IMPRESOR
(Boyle Heights, California, 15 de mayo de 1952 – Los Ángeles, California, 11 de noviembre de 2014)

Para Richard, el arte era una expresión individual, pero también algo colectivo que se podía crear y disfrutar en conjunto. Por ello su taller de impresión en el barrio de Boyle Heights en Los Ángeles era un lugar lleno de artistas y creadores. Ahí, Richard organizaba exposiciones; además, elaboraban todo tipo de arte gráfico: carteles, pósteres y numerosos experimentos con distintas técnicas de tintas y pintura. Durante su carrera trabajó con artistas mundialmente famosos, como David Hockney, Keith Haring y Banksy, entre muchos otros.

Desde pequeño Richard había aprendido de su madre, Josefina, sobre lo importante que era hacer y mantener lazos fuertes con las personas que lo rodeaban. Gracias a su trabajo comunitario la familia Duardo había logrado enfrentar difíciles situaciones de discriminación en su barrio y escuela. Josefina le enseñó también a Richard que, frente a las injusticias, no había que quedarse callado: se debía actuar y ser un agente de cambio positivo.

Así, él estableció lazos con la comunidad de artistas de Los Ángeles, pero también con personas de origen mexicoamericano, por lo que participó de forma activa en el movimiento chicano que defendía sus derechos civiles. Eran tiempos de cambio social en Estados Unidos, y fue inevitable que Richard se involucrara también en las huelgas y manifestaciones impulsadas por los líderes agrícolas Dolores Huerta y César Chávez. Además, utilizó su talento para impulsar la resistencia chicana, principalmente de jóvenes, por medio del arte. A Richard se le recuerda como uno de los grandes artistas chicanos de todos los tiempos.

Uno de los métodos utilizados por Richard a la hora de crear fue la serigrafía, una técnica de impresión con una gran tradición en el mundo artístico. ¡Hagamos un experimento! Vamos a imitar esta técnica para estampar una playera. En este caso, necesitarás la ayuda de un adulto, así que anima a alguien en casa para que te acompañe durante el proceso.

NECESITARÁS:

- Una playera blanca (o del color que prefieras) que puedas intervenir
- Crayolas
- Sacapuntas
- Tijeras o *cutter*
- Bastidor o pedazo de cartón
- Papel encerado
- Una plancha
- Una plantilla (o esténcil) con el diseño que quieras

PASOS A SEGUIR:

1. Recorta la plantilla de tal modo que en la hoja solo quede el contorno de lo que quieras estampar. Para esto puedes ayudarte de un *cutter*, de preferencia con ayuda de un adulto; también puedes usar unas tijeras de punta chata.

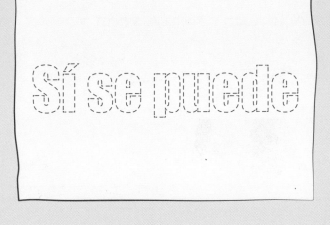

2. Elige las crayolas que quieras utilizar. Sácale punta a cada una y separa las virutas por colores.

3. Estira la playera sobre el bastidor o el pedazo de cartón. Para fijarla y que quede bien tensa puedes sostenerla con unas pinzas en los costados.

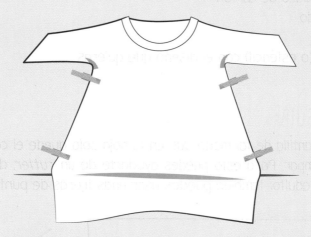

4. Coloca tu plantilla encima de la playera y agrega las virutas de colores como prefieras.

5. Extiende un pliego o trozo de papel encerado sobre el diseño y cúbrelo perfectamente.

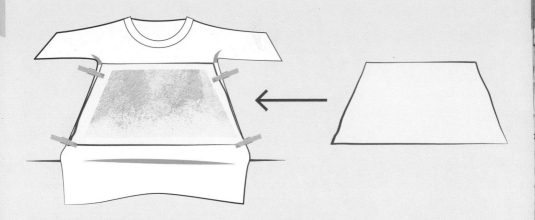

6. Coloca con suavidad la plancha caliente sobre el papel encerado para derretir las virutas y sellar tu diseño.

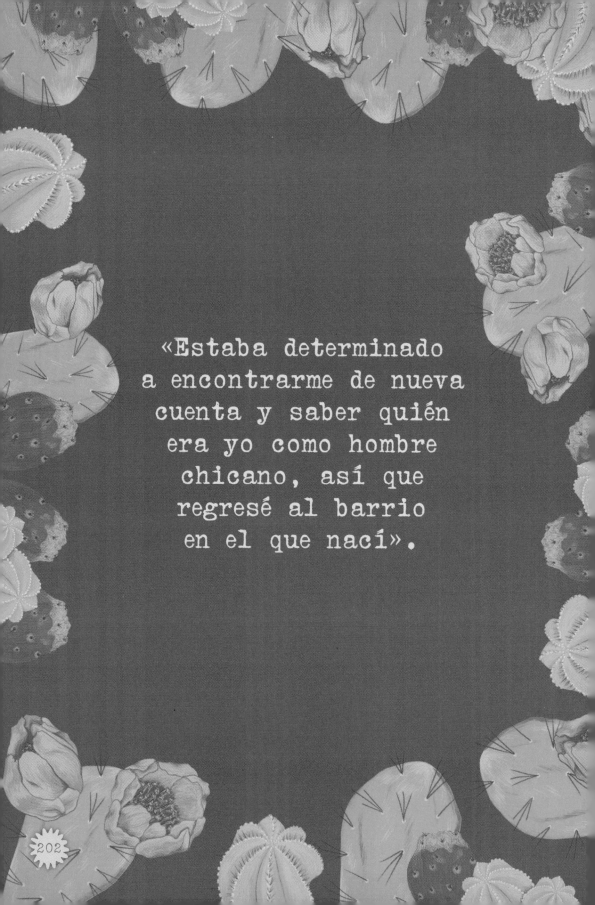

«Estaba determinado
a encontrarme de nueva
cuenta y saber quién
era yo como hombre
chicano, así que
regresé al barrio
en el que nací».

Aquí encontrarás una idea de diseño en honor al movimiento chicano:

Sí se puede

Traci Des Jardins

CHEF
(CALIFORNIA, 11 DE NOVIEMBRE DE 1967)

Traci creció en el campo, rodeada de huertas y naturaleza. Para ella y su familia la comida y la cocina eran siempre el centro de la actividad. Lo más maravilloso de todo es que, dado que su abuelo paterno era un habilidoso cocinero de origen francés y sus abuelos maternos eran mexicanos, la comida era también una mezcla deliciosa de colores, sabores, tradiciones y culturas. Su abuela le enseñó a hacer tortillas a los tres años. «La comida mexicana es mi regalo para el alma», dice Traci.

Entró a la universidad sin tener muy claro qué quería hacer. Pronto se dio cuenta de que su pasión estaba en la cocina, cuando sus tíos la recomendaron para que comenzara a trabajar con un famoso chef en Los Ángeles. «Tuve la suerte de comenzar mi carrera con uno de los mejores chefs del país, y de ahí en adelante no hubo vuelta atrás... Nunca he dejado la cocina», cuenta Traci.

Continuó estudiando para perfeccionar sus técnicas en algunos de los mejores restaurantes de Francia y Estados Unidos, en los que siempre era la única mujer. Traci se concentraba en su trabajo y aprovechaba al máximo la oportunidad sin ponerse a pensar demasiado en eso.

Volvió a Estados Unidos y pasaron algunos años antes de que pudiera hacer su sueño realidad y abrir un restaurante propio. Desde entonces ha abierto otros más, además de recibir varios reconocimientos por su original cocina. Parte de su tiempo también lo dedica a ayudar a organizaciones que promueven que las comunidades marginadas, en especial las niñas y los niños, puedan alimentarse de manera saludable.

TRACI ES AHORA UNA RECONOCIDA CHEF, PERO EN UNA CONFERENCIA
QUE DIO PARA TED TALKS EN SAN JOSÉ, CALIFORNIA, RECUERDA QUE
EMPEZÓ A COCINAR CUANDO ERA NIÑA.

Gracias a su amplia e increíble variedad de posibilidades, la repostería puede ser un lugar de experimentación, aunque también de mucha atención a los detalles. Abajo encontrarás una receta para hornear unos cupcakes de mantequilla y que puedas disfrutarlos con quien más quieras.

NECESITARÁS:

- 200 g o 1 ½ tazas de harina
- 100 g o ½ taza de azúcar
- 50 ml de aceite
- 50 g de mantequilla sin sal
- 2 huevos
- 100 ml de leche
- 1 ¼ de cucharadita de polvo para hornear
- 1 cucharadita de vainilla
- 1 pizca de sal
- Charola para cupcakes
- Capacillos

HARINA

PASOS A SEGUIR:

1. Cierne la harina y colócala en un tazón. Agrega en ese mismo tazón el polvo para hornear y la sal. Mézclalos bien.

ACEITE

AZÚCAR

2. En otro tazón coloca la mantequilla a temperatura ambiente y bátela con un globo hasta deshacerla por completo. Agrega el azúcar y mézclala bien con la mantequilla. Una vez incorporada, añade el aceite hasta integrarlo bien. Haz lo mismo con la vainilla y los huevos. Bátelos hasta que te quede una mezcla sin grumos. Finalmente, añade la mezcla de harina, polvo para hornear y sal poco a poco, intercalándola con la leche. Bate una vez más hasta que tu masa te quede tersa.

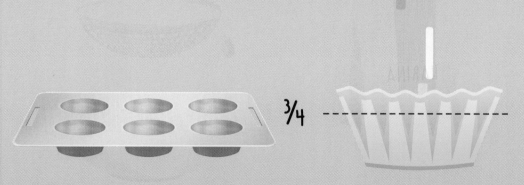

3/4

3. En una charola de cupcakes coloca tus capacillos. Llénalos con la mezcla sin sobrepasar ¾ partes del capacillo. Esto evitará que la masa se desparrame a la hora de hornearse.

4. Fíjate que todos los capacillos estén derechitos antes de llevarlos al horno.

20 minutos

5. Mete tu charola a un horno precalentado a 180 °C. Déjalos hornear de unos 15 a 20 minutos.

6. Para checar que tus cupcakes estén listos, pícalos con un palillo y revisa que este salga limpio.

«Cuando te gusta
lo que haces, trabajar
duro no es un problema,
es un gusto».

Ritchie Valens

CANTANTE
(Los Ángeles, California, 13 de mayo de 1941 – Clear Lake, Iowa, 3 de febrero de 1959)

Cuando era niño, la casa de Ritchie siempre estaba llena de música. A sus padres, de origen mexicano, les gustaba el mariachi y la música tradicional mexicana, pero también disfrutaban otro tipo de ritmos, como el blues y el flamenco. Para Ritchie la música era pura alegría; así fue como a los cinco años les pidió a sus padres que le enseñaran a tocar diferentes instrumentos. ¡Quería aprender a tocar todos!

Con el tiempo se decidió por la guitarra y no la dejaba ni para ir a la escuela. Cuentan sus compañeros de secundaria que Ritchie solía llevarla y sentarse en las gradas frente al campo deportivo; ahí tocaba por horas para la diversión de un creciente número de fans, quienes se arremolinaban para escucharlo durante sus recesos.

En 1958, mientras daba un show junto con su banda de rock, llamada The Silhouettes, un productor musical lo escuchó cantar, y quedó maravillado con su energía y talento en el escenario. Ritchie grabó varias canciones, entre ellas «La bamba»: una canción tradicional mexicana que adaptó al ritmo de rock y conservó su letra en español. Fue así como se convirtió en el primer músico latino en llegar a los primeros lugares de las listas de popularidad de Estados Unidos.

Su rápido éxito le valió un lugar en una gira musical con algunos de los cantantes más reconocidos del momento. Desafortunadamente, el avión en el que viajaban después de un concierto sufrió un accidente. Ritchie falleció en él junto con otros rockeros como Buddy Holly y The Big Bopper. Desde entonces, a esa fecha se le conoce como «el día que murió la música».

Ritchie es parte del Salón de la Fama del Rock and Roll (2001) y tiene una estrella en el Paseo de la Fama de Hollywood (1990).

SEGURAMENTE LA CASA DE LOS PADRES DE RITCHIE ESTABA LLENA DE DISCOS DE VINILO CON MÚSICA DE TODOS LOS ESTILOS Y ORÍGENES, Y FUE POR ELLO QUE NUESTRA ESTRELLA SE ENAMORÓ DE LA MÚSICA.

¿Cuáles son tus álbumes favoritos? Pregúntales a las personas que viven contigo cuál es el suyo y ¡completa el escaparate musical con todas las opciones!

Voltea al cielo, en
dirección al norte.
Hay tres estrellas
nuevas, avanzan
brillando intensamente.
Desde el Cielo brillan
alto y brillan mucho.
Vamos a extrañarte,
todos mandan su cariño.

De la canción *Three Stars*, escrita por
Tommy Dee en honor a Ritchie Valens,
Buddy Holly y The Big Booper.

Xiye descubrió que ocurría el cambio climático desde muy niña, cuando la comunidad del Estado de México en la que vivía fue víctima de terribles inundaciones a las que siguieron frecuentes sequías. Buscando una mejor vida, sus padres decidieron emigrar a Estados Unidos.

Sin embargo, cuando Xiye llegó a Nueva York, se dio cuenta de que la crisis climática está en todos lados. El planeta es uno y el clima no conoce de fronteras. Por esos tiempos, una adolescente sueca de nombre Greta Thunberg iniciaba el movimiento que más tarde se conocería como Viernes por el Futuro; Greta faltaba a clases todos los viernes para protestar y denunciar la inacción de los adultos en cuanto al cambio climático. La protesta iniciada por Greta rápidamente se convirtió en un movimiento global de niños y jóvenes que exigen a los líderes y políticos del mundo tomar en serio el tema del calentamiento global. Inspirada por Greta y su protesta pacífica, Xiye decidió tomar acción. «Escucharla fue muy impresionante para mí, y fue en ese momento que pensé: "Esto es lo que tengo que hacer"», confiesa.

Xiye es lideresa del movimiento Viernes por el Futuro en Estados Unidos, y en especial se ha preocupado por mostrar los retos que enfrentan las personas migrantes en sus comunidades de origen y destino por el efecto del cambio climático. Está orgullosa de su ascendencia indígena otomí y defiende la idea de que los seres humanos estamos en la Tierra para cuidarla, no para dominarla, pues afirma que «somos parte, pero no dueños, de la Tierra».

Recientemente lanzó un programa de entrenamiento para jóvenes activistas con el fin de expandir el movimiento de justicia ambiental. En 2018 recibió el reconocimiento Espíritu, por parte de la Organización de las Naciones Unidas.

El Acuerdo de París es, como indica su nombre, un acuerdo histórico para combatir el cambio climático e intensificar las acciones para lograr un futuro sostenible. Hasta ahora, ciento noventa y cinco países han firmado el acuerdo, con lo que se comprometen a reducir sus emisiones de gas para prevenir el efecto invernadero y ayudar a las sociedades y los ecosistemas a contrarrestar el cambio climático. Entre las prioridades de este acuerdo se encuentran proteger la seguridad alimentaria y acabar con el hambre, por eso Xiye explica que la justicia climática es justicia social.

Conoce más sobre el Acuerdo de París:

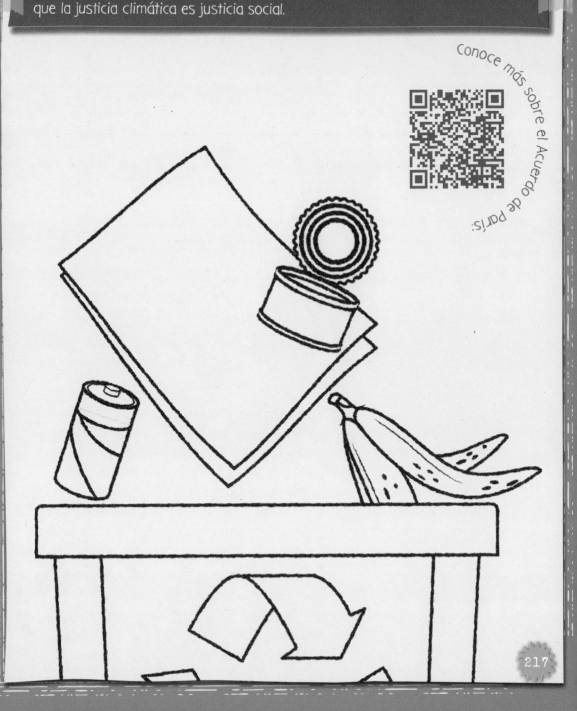

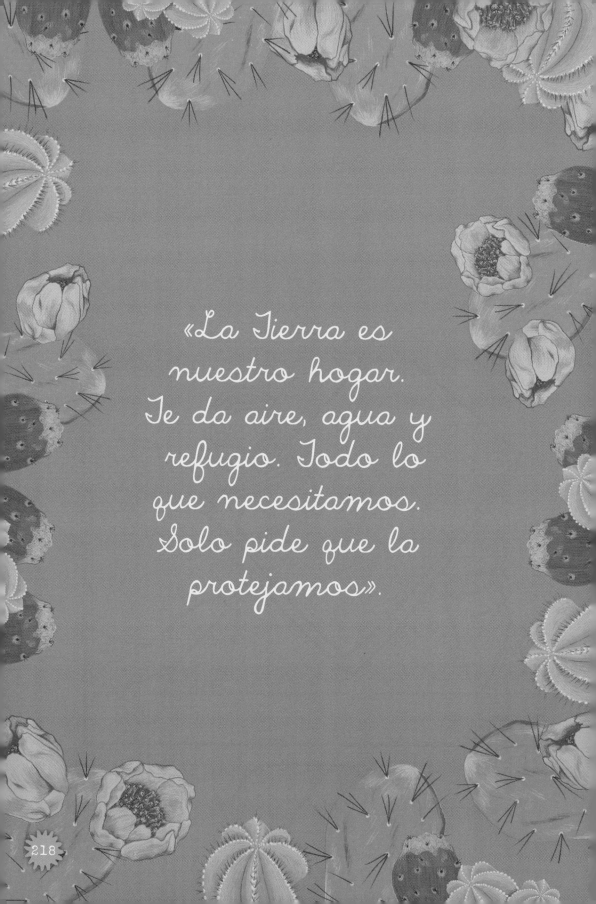

«La Tierra es
nuestro hogar.
Te da aire, agua y
refugio. Todo lo
que necesitamos.
Solo pide que la
protejamos».

Algo que puedes hacer en casa para ayudar a combatir la crisis climática es reducir la producción de desechos. ¿Te has puesto a pensar en toda la basura que producimos? Desde las envolturas de las paletas que compramos hasta las botellas de champú e incluso los empaques de plástico de los huevos. Todos ellos contaminan y muchos no son biodegradables.

Algunas acciones que podrías implementar en casa son: usar jabones y champús en barra; comprar frutas y verduras en mercados para evitar los empaques de plástico; localizar tiendas de venta a granel y llevar tus propios envases para comprar lo que se necesite, como harina, sal, nueces. Reúnete con las personas con las que vives y busquen soluciones que se puedan llevar a cabo en su hogar. Si todos cambiamos, el mundo lo hará.

Situación actual	Solución por intentar

¡Únete al movimiento por la justicia climática en México!

RODOLFO «CORKY» GONZALES

POETA, BOXEADOR Y ACTIVISTA

(Denver, Colorado, 18 de junio de 1928 – 12 de abril de 2005)

Rodolfo era un niño tan inquieto que su tío comenzó a llamarlo «Corky», en referencia a los corchos que cierran las botellas de vino (*corks* en inglés): cuando estos salen de la botella, saltan y hacen mucho ruido. Corky era un estallido de energía y encontró en el boxeo una forma de canalizarlo y sobreponerse a la pobreza en la que había crecido durante sus primeros años de vida. A los 19 se convirtió en boxeador profesional y, aunque nunca ganó un título, fue reconocido como uno de los mejores del mundo en su categoría.

Pero el boxeo era solo el comienzo; después de su retiro, se involucró en el movimiento de los derechos civiles en Estados Unidos, marchando junto a otros líderes como César Chávez, Dolores Huerta y Martin Luther King Jr. Para Corky, los chicanos debían luchar por condiciones de libertad, justicia e igualdad, y estar orgullosos de sus orígenes. Mucho de su trabajo se dirigió a jóvenes y así fundó la Escuela Tlatelolco, una escuela bilingüe que todavía existe.

Corky usó siempre las palabras y su poesía para acompañar su lucha como activista. En 1967 publicó un hermoso poema titulado *Yo soy Joaquín*: este narra la historia de Joaquín, un hombre que viaja a lo largo de la historia, primero identificándose como indígena, luego como mexicano mestizo y, finalmente, como chicano. Este poema fue una inspiración muy importante para la lucha por una mejor vida para los chicanos en Estados Unidos.

En la introducción de *I am Joaquín / Yo soy Joaquín*, Rodolfo escribió «there are no revolutions without poets / no hay revoluciones sin poetas» porque conocía el alcance que tienen las palabras: denuncian injusticias, diseñan un mundo más incluyente, proponen nuevas soluciones.

Este es el inicio del famoso poema de Rodolfo, ¿puedes continuarlo con lo que te define a ti?

Yo soy Joaquín,

Perdido en un mundo de confusión,

Atrapado en el remolino de una

Sociedad gringa,

Confundido por las reglas,

Despreciado por las actitudes,

Suprimido por manipulaciones,

Y destruido por la sociedad moderna.

Corky soñaba con un país en donde los niños de raíces mexicanas pudieran estudiar en buenas escuelas, aprender sobre sus orígenes y estar orgullosos de su cultura. Llena la siguiente tabla: en la columna de la izquierda haz una lista de todas las cosas que te hacen sentir orgullosa u orgulloso de tu cultura o del lugar en el que vives; en la columna de la derecha enlista las cosas que te gustaría que cambiaran para tener comunidades más solidarias.

Me gusta que...	Podría mejorar...

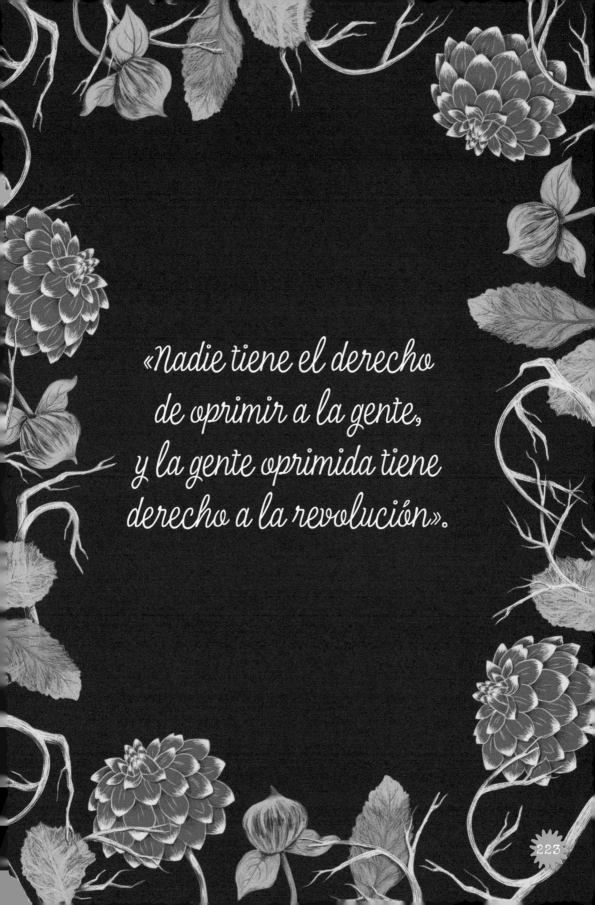

«Nadie tiene el derecho
de oprimir a la gente,
y la gente oprimida tiene
derecho a la revolución».

BOTÁNICA
(WASHINGTON, D. C., 24 DE MAYO DE 1870 –
BERKELEY, CALIFORNIA, 12 DE JULIO DE 1938)

La vida de Ynes es el perfecto ejemplo de que nunca es tarde para encontrar tu vocación y hacer lo que te gusta, porque no fue sino hasta los 51 años que entró como estudiante «especial» de Ciencias Naturales a la Universidad de California en Berkeley. Cuatro años después, a los 55, realizó su primera de varias excursiones de recolección de plantas a México; al final de su vida, Ynes pudo contar más de 145 mil plantas recolectadas, incluyendo 500 nuevas especies. Ella estaba feliz de que, después de toda una vida, al fin había encontrado su verdadera vocación: «Tengo un trabajo en el que produzco algo real y duradero», escribió en esa época.

Durante los siguientes 13 años, Ynes se dedicó por completo a la recolección y clasificación de plantas; para ello viajaba de forma recurrente a México, su lugar favorito para trabajar. Debido a que su padre era mexicano y su madre estadounidense, hablaba español a la perfección; los que la conocieron dicen que ello le sirvió para entenderse con pobladores de comunidades apartadas que la ayudaban a encontrar especies de plantas extraordinarias e interesantes para clasificar.

Ynes era una persona independiente y aventurera; a diferencia de otros botánicos de la época que con frecuencia trabajaban en grupos, a ella le gustaba hacerlo sola. Su curiosidad y dedicación la llevaron a lugares remotos en Alaska, México, Brasil, Perú, Chile, Ecuador, Colombia y Argentina, a los que llegaba cargando ella misma lo que necesitaba para vivir y clasificar nuevas especies. En Alaska fue la primera persona en recolectar la flora del Parque Nacional Denali.

Ynes ha sido reconocida como una pionera y hábil recolectora botánica, capaz de trabajar en las condiciones más adversas. Botánicos de todo el mundo siguen estudiando algunas especies de plantas que ella recolectó.

Algunas especies de plantas han recibido
sus nombres en honor al trabajo de Ynes, por ejemplo,
Mimosa mexiae o *Mexianthus mexicanus*. Aquí encontrarás
ambas especies para que las reconozcas y las colorees
de acuerdo con su apariencia real.

Mimosa mexiae

Mexianthus mexicanus

«No creo que haya un solo lugar en el mundo al que una mujer no pueda aventurarse sola».

Hay hojas y flores que son hermosas por su forma, su color o su tamaño, y a veces desearíamos que nos duraran mucho tiempo. Una forma de conservarlas es prensándolas, es decir, ejerciendo un poco de presión sobre ellas hasta aplastarlas. Una forma sencilla de hacer esto es con un libro. Luego te diremos cómo crear un separador con ellas.

NECESITARÁS:

- Tantas hojas o flores como quieras
- Hojas de papel secante o servitoallas (opcional)
- Un libro, de preferencia uno pesado y que no utilices (pregunta primero si puedes tomarlo)
- Papel adhesivo (o contact)
- Uno o varios trozos de listón, yute o lazo (pueden ser del color que tú quieras)
- Perforadora de un orificio

PASOS A SEGUIR:

1. Si las hojas o flores que escogiste están recién cortadas y crees que podrían humedecer las páginas del libro, colócalas entre el papel secante, cuidando no encimarlas, y déjalas en el interior del libro. Si tu libro no es tan pesado, puedes ayudarte poniendo otros encima, o colocando el libro bajo algo que haga presión. Revisa tu flor u hoja cada cuatro días y cambia las hojas de papel secante. Espera de dos a tres semanas para retirarla del libro.

2. Corta dos tiras de papel contact de cinco centímetros de ancho, mínimo, por 16 centímetros de largo. Una vez que estén secas, acomoda las flores y hojas sobre una de las tiras de la forma en que más te guste y después cúbrelas con la otra.

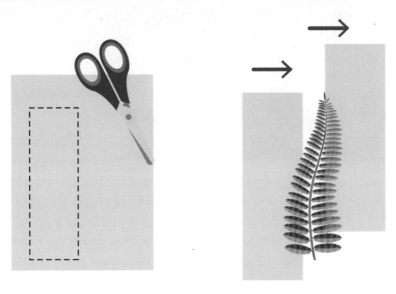

3. Al final realiza una pequeña perforación en uno de los extremos y amarra ahí el pedazo de listón, yute o lazo.

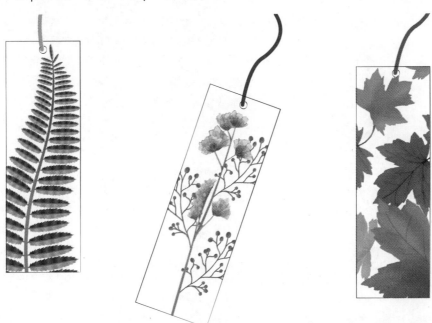

LOS SOÑADORES

Activistas

Ellos llegaron a vivir a Estados Unidos con sus familias cuando todavía eran niños. Ahí crecieron, hicieron amigos, fueron a la escuela, bailaron en su graduación de preparatoria e hicieron su vida. Estados Unidos era su mundo, y en su mayoría era todo lo que conocían o recordaban de su pasado. Sin embargo, como muchos de sus familiares, vivían sin los documentos que se necesitan para residir de manera legal en el país. Eran miles de jóvenes —casi un millón, en su mayoría de origen mexicano— quienes estaban en esta situación, preocupados por lo que les sucedería en el futuro cuando quisieran trabajar o estudiar y cumplir sus sueños. De ahí el nombre de «soñadores».

Jóvenes soñadores en California buscaron medios para que la ley los protegiera y pudieran continuar con sus estudios. En 2001, el movimiento se volvió nacional y en el Congreso de Estados Unidos se discutió la llamada Ley de los Soñadores. A partir de entonces, estos jóvenes empezaron a participar en protestas y manifestaciones tanto en internet como en las calles, en aras de exigir un trato digno y un camino que los ayudara a cumplir con sus sueños sin violar la ley.

A pesar de que la Ley de los Soñadores no se aprobó por el Congreso, el presidente Barack Obama estableció en 2012 una política migratoria llamada DACA. Se trata de un programa que protege de la deportación a las personas que llegaron como niños a Estados Unidos. DACA permite también a miles de jóvenes solicitar una licencia de conducir, tener un número de seguridad social y permiso de trabajo.

En la actualidad, los jóvenes soñadores siguen luchando para que se respeten sus derechos y puedan convertirse en ciudadanos estadounidenses con todos sus derechos y obligaciones, como poder votar y ser votados.

¿Te imaginas crecer en un lugar, que es el único que conoces, donde haces amigas y amigos, hablas la lengua que se habla ahí... y que aun así no puedas llamarlo hogar? Para los soñadores ha sido muy duro luchar para ganar el reconocimiento como ciudadanos, o al menos residentes, en el país donde han hecho su vida.

¡Los soñadores nos necesitan a todos! Diseña un cartel para mostrar tu apoyo hacia ellos.

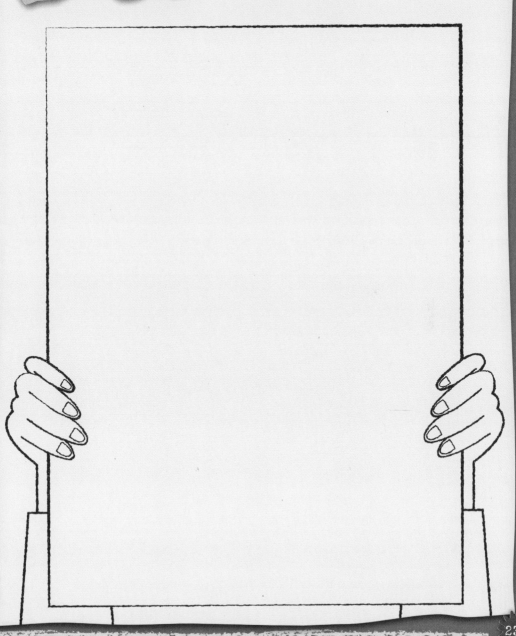

Para ti, ¿cuál es la conexión más fuerte que tienes con el sitio en donde vives?
¿Has vivido siempre ahí? ¿Cuál es la historia con tu hogar?

Mi hogar es _

y es especial porque _

_ _

_ _

_ _

_ _

_ _

_ _

_ _

_ _

_ _

_ _

_ _

_ _

_ _

_ _

«Dejen de castigar
a los hijos
de inmigrantes.
Defiendan DACA».

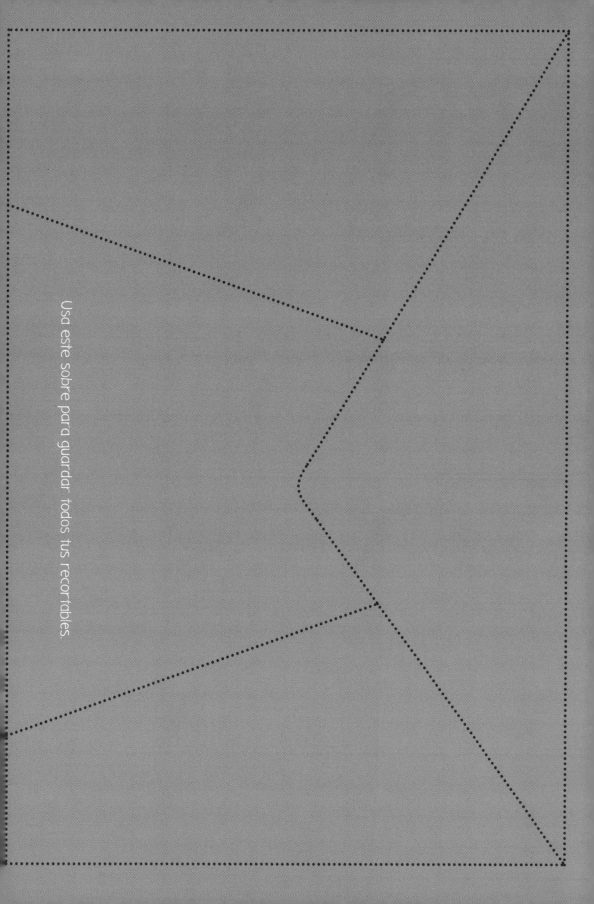

Usa este sobre para guardar todos tus recortables.

PEGA AQUÍ

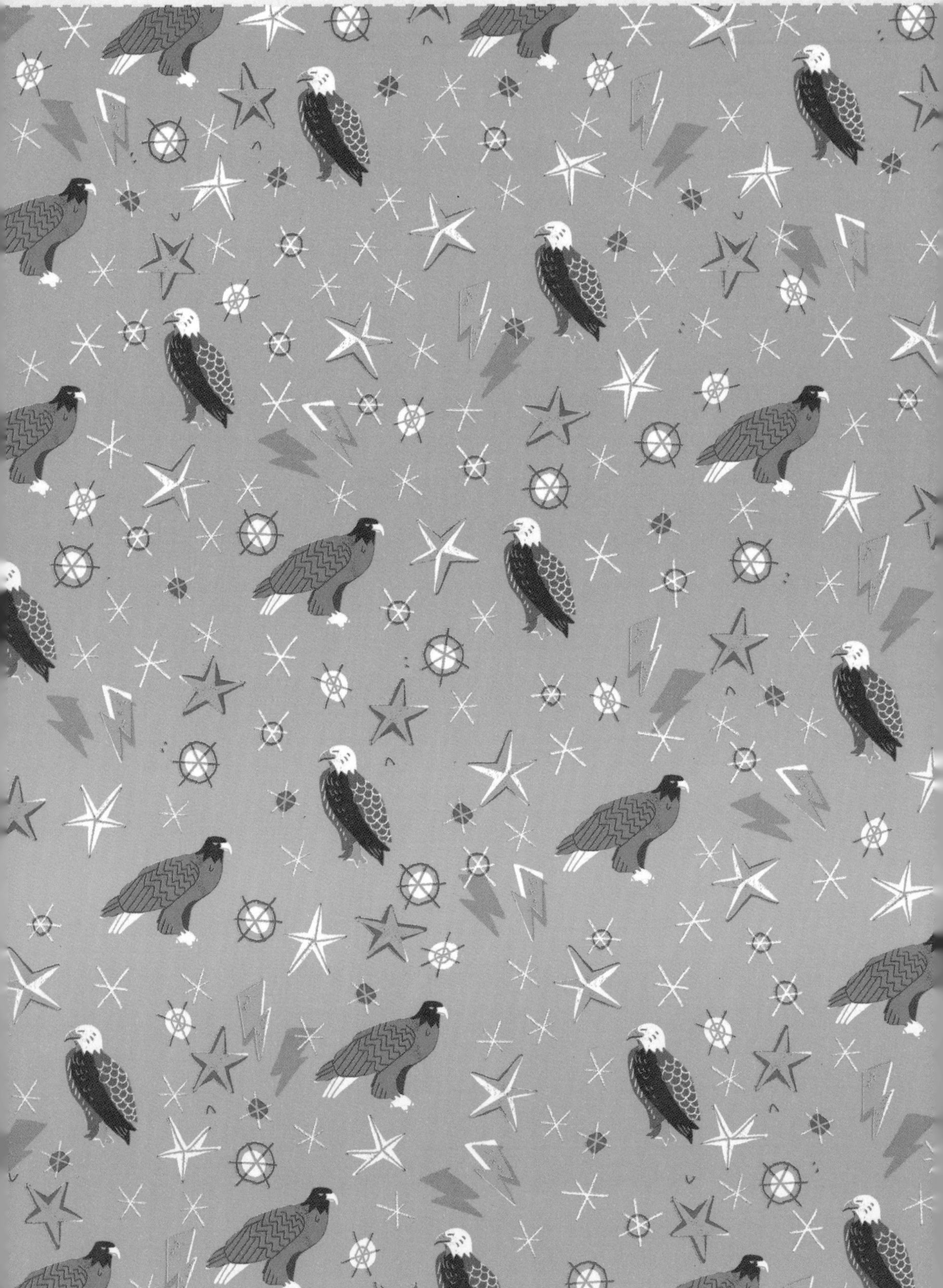

PEGA AQUÍ

PEGA AQUÍ

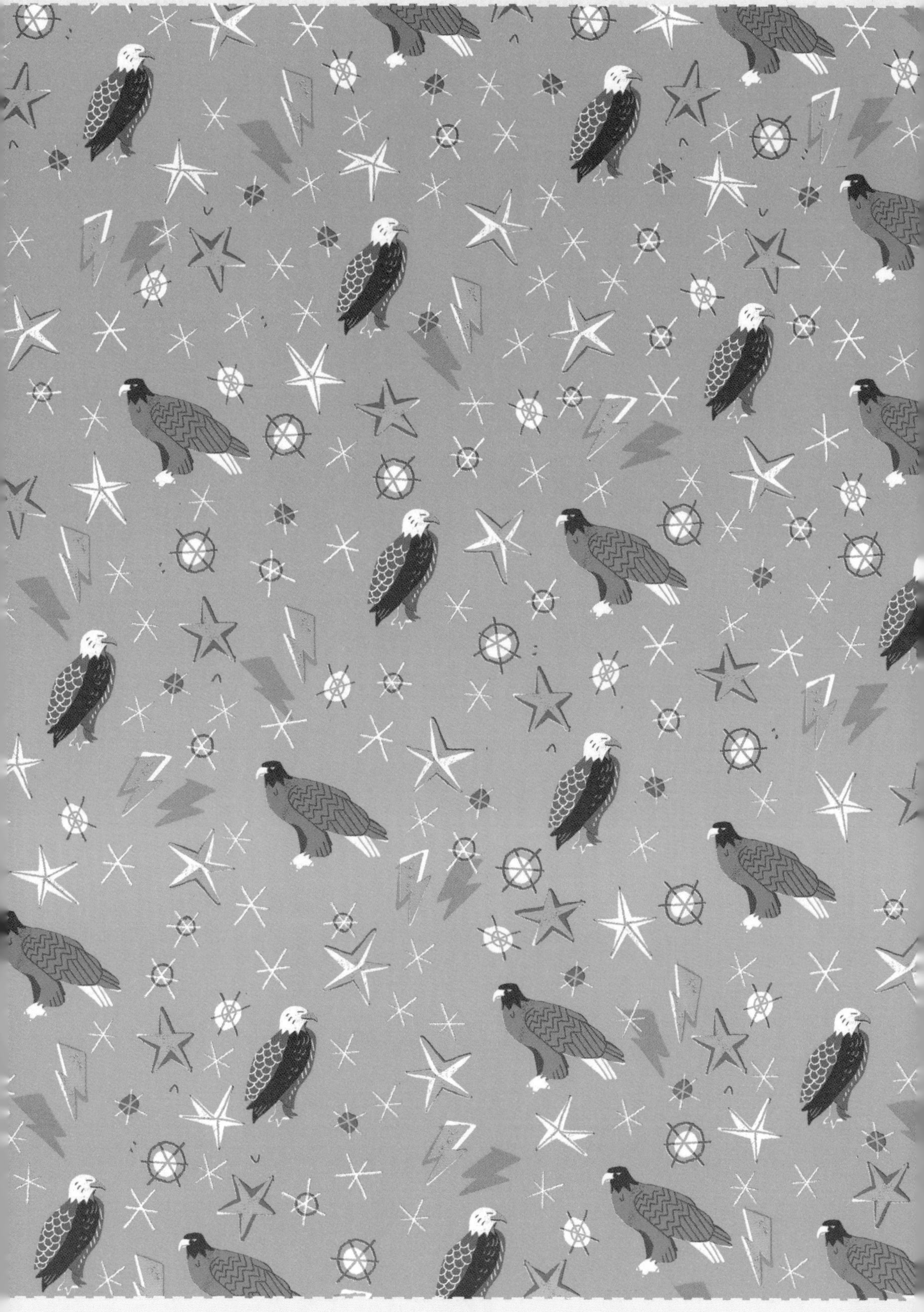

PEGA AQUÍ